KB164948

신재열 세무사가 알려주는

자산을 늘리는
상속 비법

신재열 세무사가 알려주는

자산을 늘리는 상속 비법

분쟁 없이 화목하게 맞이하는 상속
현직 상속 전문 세무사가 공개하는
완벽한 절세법

신재열 지음

나비의활주로

현명한 절세와 상속의
진정한 의미를 생각하며

사람은 반드시 언젠가는 죽음을 맞이한다. 그러다 보니 상속세를 주요 분야로 하는 내 입장에서 특별한 불황을 겪지는 않았다. '호랑이는 가죽을, 사람은 재산을' 남긴다. 어떤 이는 많은 재산을, 어떤 이는 살뜰하고 소박한 재산을, 또 어떤 이는 마이너스(-) 재산을 남겨 남은 이들에게 상속포기와 같은 제도를 이용하게 하며 죽어서도 남겨진 이들이 돈을 쓰게 한다.

사실 돌아가신 이들이 웬만해서는 남은 이들에게 상속포기의 옵션을 제공하는 일은 드물다. 다소의 문제지 어느 정도는 재산을 남긴다. 이럴 때 남겨진 재산으로 또 다른 고민이 시작된다. 그리고 대다수 가족은 재산을 원만하게 잘 나누지만, 일부 가족은 물려받은 재산에 대한 고마움보다는 더 많이 가지고 싶은 마음에 이내 블랙홀과도 같은 상속 분쟁의 긴 터널로 들어가게 된다. 일단 이 터널에서 나오려면 1년은 기본이고 2,3년 정도 걸리기 일쑤다. 재산을 나누는 데 1~2년 쯤 걸리고 다시 '네 세금 내 세금' 하면서 나누는 데 또 한참 걸린다. 이 시간이면 요즘 같은 세상에 우주여행을 수십 번 왔다 갔다 할 수 있는데 말이다. 긴 터널을 빠져나왔을 때는 그들 곁에 가족이 온전히 남아 있을 리 없다. 분명 재산을 남긴 이는 이런 모습의 상상을 추호도 하지 않았을 것이다.

블랙홀과 같은 긴 터널로 가족을 내몬 망자의 잘못은 무엇인가?

남긴 재산을 어떻게 나눌 것인지를 명확히 하지 못한 잘못이 있다. 한 마디로 유언하지 않은 잘못이다. 만약 유언만 명확히 남겼다면 생각보다 적은 재산을 받아 잠시 섭섭할지언정 소송이나 막장 드라마의 연출 없이 남은 가족은 이내 평화로워질 것이다. 유언이 얼마나 큰 역할을 하는지는 막상 상속을 겪어보면 알 수 있다. 사실 상속 전문 변호사들은 알고 있다. 유언이 상속인들에게 얼마나 많은 시간과 비용을 줄여주는지를(자신들의 수입을 얼마나 줄어들게 하는지를) 말이다. 그래서 유언에 대하여, 자세하고 깊이 있게 다루고자 하였다.

재산을 받는 이들은 무엇을 해야 하는가?

고인을 잘 보내드렸다면 마지막 단계로 최대한 상속세를 절세해야 한다. 절세는 누구에게나 항상 아름답다(물론 과세관청은 아닐 수도 있겠지만). 더군다나 상속세를 절세한다면 남긴 이의 재산을 오롯이 지킬 수 있는 것 아닌가. 그런데 어떻게 해야 상속세를 절세할 수 있을까? 사실 이는 의외로 간단하다. 상속세를 전문으로 하는 믿을 만한 세무사를 찾으면 된다. 그러기 위해서는 상속인 간 화목이 무엇보다 중요하다. 화목한 가정은 서로 협의하여 당연히 실력 있는 상속세 전문가를 찾을 것이기 때문이다.

그러나 화목하지 않은 가정이라면 우선 자신이 많은 재산을 갖도록 도움 주는 사람을 찾게 된다. 이때는 사실상 절세는 물 건너간 얘기다.

한마디로 화목한 상속에만 절세가 선물처럼 주어진다.

국가는 상속을 맞이하는 가족을 위해 무엇을 해야 할 것인가?

필자는 국가 차원에서 '상속재산분할조정기구'의 설치를 이 책의 지면을 빌어 촉구한다. 대한민국은 국제기구로부터 도움받는 국가에서 도움을 주는 유일한 국가가 될 만큼 놀라운 경제 성과를 이루었다. 그러나 경제발전의 성과만큼 우리 개개인은 과연 행복해졌을까? 오히려 그 반대로 느끼는 사람이 많다.

가족은 우리 사회를 구성하는 기초단위이자 힘들고 지쳤을 때 언제든 돌아가 쉴 수 있는 곳이어야 한다. 우리 사회가 지켜주고 보호해야 할 최후의 보루인 셈이다. 그런데 모든 가족이 겪게 되는 상속으로 인해 가족이 뿔뿔이 흩어지는 경우가 점점 늘고 있다. 필자의 경험상 대여섯 집에 한집 꼴로 상속으로 인한 재산 분쟁을 겪는 것 같다. 이와 같은 상속 분쟁은 개개인의 행복을 위해서뿐 아니라 국가 차원에서도 반드시 해결해야 할 사회문제다. 왜냐하면 상속 분쟁은 우리 사회 최후의 안식처라 할 수 있는 가족이 해체되는 주된 이유 중 하나이기 때문이다. 더는 우리 사회가 이를 마냥 방관할 것이 아니라 적극적으로 예방하고 조정해주는 사회적 시스템을 구축하여야 한다. 이를 위해서는 먼저 입법화를 통해 분쟁 조정기구 설치를 위한 근거 법령을 만들어야 한다. 이와 같은 조정기구는 사회갈등을 조절하는 공익적 측면뿐만 아니라 개인의 행복추구권을 더욱 공고히 다질 것이다.

이 책의 주요 구성

파트1(한 번에 알아보는 상속의 진정한 의미)에서는 상속의 진정한 의미가 무엇인지를 전달하고자 하였다. 파트2(떠나는 사람도 남는 사람도 행복한 상속을 위한 상식)에서는 유언의 필요성과 재산 분쟁 사례를 다루었다. 파트3(미리 준비하는 상속, 분쟁을 피하는 유언)은 상속과 관련된 기본적인 제도를, 파트4(상속세 속속들이 파헤치기)는 '상속세 관련 내용을', 파트5(아는 만큼 돈버는 절세 법)는 상속과 매우 밀접한 '증여세 이야기'를 다루었다.

약 30가지의 질문과 사례(Q&A)를 담았고, '스스로 해보기' 코너에서는 독자 스스로 유언장을 작성하거나 사망신고 방법, 셀프등기 방법, 독자의 상속세나 증여세 계산을 해볼 수 있게 구성했다. 또한 보다 상세한 정보가 필요한 주제에 대해서는 본 책의 QR코드를 통해 지면부족으로 인한 문제를 해결하고자 하였다.

시중에는 이미 세무사나 변호사가 쓴 상속 관련 실용서가 차고 넘친다. 세무사는 상속과 관련하여 상속세와 증여세 등 세법에 대해 주로 다루고 있으며, 변호사는 상속과 관련된 분쟁이나 상속인 여부, 유류분 등 주로 민법을 다룬다. 그러나 이 책처럼 상속과 관련된 모든 분야를 다룬 책은 거의 없다. 아무쪼록 상속을 맞이하는 모든 이들에게 조금이나마 도움이 되길 바라며, 다시금 이 책이 세상에 나오는 데 도움을 주신 모든 분들께 감사드린다.

저자 신재열

CONTENTS

PART 1 | 한 번에 알아보는
상속의 진정한 의미

PART 2 | 떠나는 사람도 남는 사람도
행복한 상속을 위한 상식

PART 3 | 미리 준비하는 상속, 분쟁을 피하는 유언

PART **4** **상속세 속속들이 파헤치기**

PART 5 | 아는 만큼 돈버는 절세 법

Q&A　기타

스스로 해보자

INHERITANCE TAX

한 번에 알아보는
상속의 진정한 의미

가족의 상속,
지금 준비되어 있습니까?

✦ 준비하는 죽음, 아름다운 마무리

살아가면서 우리는 무엇 때문에 이렇게 바쁘게 사는지 의아한 때가 있다. 그리고는 가끔 '나'라는 존재에 대하여 생각해보며 삶의 무상함을 느끼곤 한다. 인생의 황혼기에 이르면 자신이 어떻게 살아왔는지 무엇을 이루고 무엇을 잃어버렸는지 자기의 삶을 되돌아볼 여유가 있어야 한다. 웰빙Well-Being과 함께 웰다잉Well-Dying도 중요하다. 진정한 웰빙의 완성을 위해서는 웰다잉이 필수적이다. 이는 '모든 이들이 공평하게 맞이하는 죽음을 제대로 준비하여 인생을 잘 마무리 짓자'는 것이다. 일평생 가꾸어 놓은 인생을 잘 정리하여 유종의 미를 거두는 것 역시 삶의 아름다운 맺음을 위하여 꼭 필요한 일이다.

'영원히 살 것처럼 꿈꾸고 내일 죽을 것처럼 열심히 일하라'는 말이 있다. 이상을 높게 가지고, 하루하루 온 힘을 다해 살라는 뜻일 것이다. 그런데 실상 내일 죽을 것을 대비하고 있는 사람은 매우 드물다. 그건 젊은이뿐만 아니라 나이 지긋한 어르신도 마찬가지다. 소설가

잭 런던Jack London은 '자연이 인간의 생에 부여한 단 하나의 법칙이 바로 죽음'이라고 했다. 삶이 죽음과 맞닿아 있듯이 품위 있고 의미 있게 사는 것이 소중한 것처럼, 그렇게 죽는 것 또한 인생의 마지막 아름다운 마무리를 위해서는 꼭 필요하다.

당하는 죽음이 아니라 맞이하는 죽음이 되어야 한다. 존엄하게 맞이해야 할 삶의 마지막이자 가장 중요한 길, 이 길을 스스로 준비하고 계획하는 것은 남은 가족뿐 아니라 자기의 남은 생을 보다 뜻깊게 보내기 위해서라도 분명 필요한 일이다. 누구에게든 반드시 찾아오는 죽음에 대해서 어떻게 준비할 수 있는지 진지하게 생각해 봐야 한다. 그리고 그에 따른 구체적인 준비를 해야 한다. 세심한 주의를 기울여 준비하는 것도 나쁘지 않다. 그러한 일이 결코 슬픈 일이라고 생각할 필요도 없다. 죽음이 삶의 뒤에 오는 연속이라면, 살면서 다음을 준비해야 하는 것도 일종의 과정이니 말이다.

◆ 웰빙의 완성은 웰다잉

예전에 〈한겨레〉 신문에서 다음과 같은 내용을 읽은 적이 있다. 한 60대 남자가 세상을 떠난 뒤, 그의 마지막 길을 함께하려는 조문객들이 서둘러 화장장으로 가는 버스에 올랐다. 슬픔에 잠긴 사람들은 각자 고인을 추억하는 상념에 빠져들었다. 5분이나 흘렀을까. 경쾌한 음악이 나오기 시작하더니 버스 TV 모니터에 고인의 환한 생전 모습이 비쳤다.

"여러분 안녕하십니까? 이렇게 궂은 날씨에 저의 마지막 길을 배웅해 주셔서 진심으로 감사드립니다. 제가 비록 먼저 다른 곳으로 가지만 사는 내내 아름다운 동행이었습니다."

그는 자신의 출생과 이력을 간단하게 소개한 뒤, 생전에 겪은 멋진 경험과 주위 사람들에게 받았던 좋은 영향에 관해서 설명했다. 화장장까지 30여 분의 시간 동안 조문객들은 그렇게 고인과 함께 나들이하는 기분을 느꼈고, 화기애애한 분위기 속에서 그분을 보낼 수 있었다고 한다. 그런데 그는 자신의 장례일이 어떻게 궂은 날씨임을 알았을까? 알고 보니, 그는 화창한 날씨부터 찌푸린 날씨까지 각각 다른 인사말이 담긴 내용을 치밀하게 준비했다고 한다.

같은 기사 아랫부분에 또 다른 내용이 실려 있었다. 세상을 떠난 헤어디자이너 그레이스 리(향년 79세)는 "내 장례식 때 빈소에 하얀 꽃 꽂고 질질 울지 말고 핑크와 빨간 장미로 꾸미고 탱고 음악을 틀어 달라"는 얘기를 평소 가족과 지인들에게 남겼다. 더불어 이런 말도 했다. "올 때는 제일 멋진 옷을 입고 예쁘게 꾸미며 와. 제사는 말고 내 생일날 집에 다들 모여 맛있는 음식 차려놓고 와인 한잔 마시면서 지내. 탱고를 춰준다면 얼마나 멋있겠니."

이런 바람을 존중하여 가족과 제자들은 탐스러운 분홍과 빨간 장미꽃으로 영정 주변을 장식했으며 재즈풍의 찬송가를 틀었다. 딸은 어머니의 뜻을 받들어 자신이 가진 옷 중 가장 멋있는 옷을 입고 왔다. 지금도 그의 제자들과 자녀들은 그의 생일에 모여 와인을 마시며 아

런하게 사라져가는 고인과의 시간을 추억하며 고인의 편안한 휴식을
소망하곤 한다. 그리고 분명 그들도 자신의 아름다운 마무리를 위해
무엇을 할지 한 번쯤 생각할 것이다.

가족 간의 대화로부터 시작하는 성공적인 상속

02

✦ 대화 없는 상속준비는 불화의 시작이다

'가족 간 상속'이라는 주제의 대화는 다소 얼굴을 붉힐 수도 있는 어려운 이야기다. 그러나 반드시 해야 한다. 이는 피할 수 있는 일이 아니기 때문이다. 물론 서로서로의 이익에 대해 설전을 벌이거나 과거의 케케묵은 섭섭한 이야기에서부터 생색내는 상황에 이르기까지 말싸움인지 대화인지 구분 짓기 어려울 만큼 살얼음판 위를 걷는 위태로운 분위기가 연출될 수도 있다. 상속 분쟁은 작은 말다툼에서부터 법적 분쟁으로까지 순식간에 진행되기도 한다.

이런 일은 부모가 있을 때와 없을 때는 전혀 다르다. 만약 부모가 살아계실 때 상속 분쟁이 발생하더라도 부모 세대가 현명하고 그 중심을 똑바로 잡는다면 분명 자식들을 잘 설득하고 이끌어 좋은 방안을 마련할 수 있을 것이다. 부모를 중심으로 가족이 다시 모이게 될 가능성이 크다.

그러나 부모가 돌아가시고 난 후 재산 분할을 협의해야 한다면 상황은 완전히 달라진다. 상속재산에 대한 이야기가 전혀 없던 경우에 재산분배가 이루어질 때는 공정하고 서로를 배려하는 재산분할 보다는, 감정적인 대화와 갈등으로 정작 합리적인 재산분배는 뒷전이 될 수도 있다.

자녀 셋을 둔 아버지는 어느 날 자녀들을 모아 놓고는 '재산을 똑같이 나누어 주겠다'는 갑작스러운 발언을 한다. 아버지의 돌발발언으로 삼 남매의 얼굴에는 웃음기가 싹 가셔버렸다. 삼 남매는 무엇인가 불만에 꽉 찬 눈으로 아버지를 보고 있다가 장남이 먼저 말을 꺼냈다.

"아버지, 저는 장남인데…."

이에 질세라 차남은 이렇게 말했다.

"아버지, 형이 결혼할 땐 많이 도와주셨잖아요. 그리고 형 사업이 망했을 때도…."

첫째인 장녀가 차남의 말을 자르고 울부짖는다.

"딸은 자식도 아니에요? 동생들 뒷바라지해야 한다며 대학도 못 가게 하셨으면서…."

✚ 법정비율로 재산을 나눠줘도 왜 그렇게 불만이 많을까?

첫째, 보상심리 때문이다. 무엇을 위한 보상일까? 본인이 상대적으로 덜 받았다는 마음에서 비롯된다. 그런데 이러한 생각을 다른 예비 상속인도 똑같이 한다는 것이 문제다. '화투가 끝나면 돈 잃은 사람만 있고 딴 사람이 없다'는 우스갯소리처럼, 막연한 상대적 박탈감 때문에 소위 말하는 우는소리를 하게 된다.

둘째, 부모로부터 생전에 증여받은 재산에 대한 서로의 정보가 없거나 그 정보가 정확하지 않기 때문이다. 이럴 때 대부분의 사람은 아마도 분명 나를 제외한 다른 형제자매가 어느 정도는 증여받았을 것이라고 의심하게 된다. 만약 자신이 이미 부모로부터 다른 형제자매 몰래 증여받았던 사람이라면, 다른 형제자매들 역시 어느 정도의 재산은 받았을 거라고 여기게 될 것이다. 반면에 부모로부터 어떠한 지원도 받지 않은 사람이라면 자기 본인만 도움받지 못했을 거라는 생각에 섭섭한 마음이 클 것이다. 궁극적으로 부모로부터 생전에 받은 재산에 대한 정보의 불균형은 서로 간 오해를 불러일으킬 소지가 충분히 있다.

◆ 예비상속인들끼리 증여 사실을 공유한다

그렇다면 이러한 오해를 해결하는 방법은 무엇일까? 모든 예비상속인이 사전에 부모로부터 받았던 내용, 즉 증여받은 금액의 정보를 모든 예비상속인이 공유해야 한다. 정보의 공유는 대화로부터 나오고 그 대화는 이해와 신뢰에 바탕을 두어야 한다. 이는 다른 가족 구성원이 알고자 하는 정보를 솔직하고 정직하게 자유로운 분위기에서 말할 수 있다는 것을 의미한다. 거짓으로 일관하거나, 막무가내식의 표현은 가족관계를 심각하게 악화시킬 수 있다는 것을 명심해야 한다.

부모는 침묵으로 일관해서는 안 된다. 다른 예비상속인들에게 해당

사실 여부를 답해 줄 수 있어야 하며, 예비상속인들이 숨기거나 보태는 내용에 대해서는 과감히 먼저 사실 여부를 말할 수 있어야 한다. 또한 부모의 뜻을 솔직하게 나타내어야 하고 이를 바탕으로 자녀를 설득하고 충분히 이해시켜야 한다. 그렇지만 가족에 관한 모든 것을 서로가 완벽하게 이해할 수 있을 거라는 생각은 버려라. 아무리 가족이라 할지라도 입장차이가 있으므로 완벽한 이해는 쉽지 않기 때문이다. 내려놓을 수 있어야 다시 대화할 수 있게 된다.

재산은 남겼으나 가족 간의 화목이 깨졌다면 실패한 상속이다

✦ 유산은 결코 재물만을 의미하는 것은 아니다

상속이란 부모 세대가 스스로 일궈냈거나 그 선대로부터 물려받은 유산을 자식 세대에게 물려주는 것이다. 그렇다면 유산이란 무엇일까? 대부분의 사람은 망자가 남긴 금전적인 재산만을 생각한다. 그러나 유산은 결코 재물만을 의미하는 것이 아니라 정신적 가치를 반드시 동반한 것이어야 한다.

진정한 상속은 인생에서 배운 삶의 지혜를 자녀들에게 나누어주는 것이다. 세월의 풍파를 이겨낸 거친 손에 깊이 묻어 있는 진한 인생의 향기를 자녀들이 알게 하는 것이 우선돼야 할 가르침이다. 정신적 유산만큼 크고 위대한 것은 없기 때문이다.

'상속은 죽음에 이르러서야 하는 것'이라는 생각을 버려야 한다. 정신적 가치를 유산으로 남기고 싶다면 반드시 살아생전에 자기 유지遺旨와 뜻을 꼭 남겨야 한다. 치열한 삶을 살아오면서 산전수전 모두 겪은 노옹老翁은 인생의 선학자禪學者이자 오랜 세월 동안의 수많은 경험으로 만들어진 귀서貴書와 같은 존재다. 이러한 고귀한 인생의 지혜를 자녀들에게 남기는 것이 진정한 상속이며, 남겨진 자녀가 이 험한 세상 속에서 올곧게 살아갈 수 있는 찬란한 유산이 아닐까?

◆ 재산이 자식을 망치는 독이 돼서는 안 된다

상속재산에 대하여 부모 세대와 자녀 세대가 바라보는 시각은 다를 수밖에 없다. 부모 자식 간 생각의 차이는 당연하지만, 자녀들에게 자신이 이루어 놓은 재산이 어떤 의미인지 새겨주지 않은 채 단순하게 자녀들에게 '유산을 남겨줘야겠다'고 생각한다면 그 상속은 실패할 확률이 매우 크다. 부모가 일궈 놓은 부에 대한 의미를 깨닫지 못하면 재산은 그저 공돈에 불과할 수 있으며, 이를 상속받은 자녀는 형제들과 나누어야 할 어려운 상황에 부닥치면 아니나 다를까 본인도 익히 들어온 재산 다툼의 촌극을 연출하기 십상이다.

자녀들이 상속재산을 단순히 불로소득이라고 생각하는 순간 크게 2가지 문제점이 발생한다. 하나는 상속재산에 대한 욕심으로 인한 가족 간의 불화가 생기는 것이며, 다른 하나는 상속재산이 주는 경제적 만족으로 직업에 대한 필요성을 느끼지 못하고 오히려 재산을 쉽게 탕진하며 자기 계발을 등한시하여 결국 온전한 사회구성원이 되지 못할 수도 있다.

제대로 된 상속은 금전적인 유산을 자녀들에게 남겨주는 것뿐만 아니라 자녀들이 상속받은 재산으로 인하여 자기의 인생에서 길을 잃지 않도록 나침반 역할을 할 수 있어야 한다. 자녀 세대는 부모 세대가 일 귀놓은 재산을 단순히 재산으로만 바라보아서는 안 된다. 그곳에 담긴 의미를 깨달아야 한다. 부모가 평생 일궈놓은 결실에 대해 소중함을 알고 부모님께 감사하는 마음을 가져야 한다. 그리고 자신의 후세대에 새로운 유산을 남기기 위하여 더욱 충실한 삶을 살아가야 한다. 이러한 상속의 메시지는 금전적인 유산뿐만 아니라 그 속에 담겨있는 노력하는 삶이라는 더 중요한 유산을 남기게 될 것이다.

◆ 돈은 훌륭한 하인이지만, 나쁜 주인이기도 하다

"적당한 돈은 당신을 떠받칠 것이다. 하지만 더 많이 가질수록, 당신이 그 돈을 떠받쳐야 한다"는 말이 있다. 그럼에도 선뜻 돈을 마다할 사람은 그리 많지 않다. 이런 돈 얘기가 가족 간에 가장 많이 나오는 때가 상속이 발생하는 상황이다. 아무튼 이런 저런 이유로 상속 분쟁은 언제든 생길 수 있으며, 그 원인도 다양하다.

상속 전에 증여받은 재산을 고려해야 하는 문제, 기여분의 인정에 대한 문제, 유류분 문제 등 여러 이유로 상속 분쟁이 생긴다. 재산이 있으면 있는 대로 싸우고, 없으면 없는 대로 싸울 수 있다. 가끔 장례식도 끝나지 않은 상황인데 재산 문제로 다툼이 있는 집안 얘기를 종종 듣는다. 이런 일이 벌어진다면 저승길의 첫 걸음을 이제 막 내딛으려는 망자의 마음이 편할 수 있겠는가?

돈이라는 것은 부모자식 간에도 말하기 껄끄러운 것이 사실이다.

하지만 부모가 자식과의 언쟁이나 순간의 당혹스러움을 회피하고자 상속이라는 문제를 해결하지 않고, 남겨진 자녀들에게 숙제로 남겨놓는 순간 필연적으로 상속 분쟁으로 이어진다.

부모의 사후에 그런 일이 일어날 것을 어느 정도 알면서도, 이를 모르는 척하고 자녀들에게 큰 짐을 남겨 놓은 채 떠나는 것은 부모로서 옳은 일이 아니다. 부모는 마지막까지 화목한 가정을 남겨야 한다. 상속 문제를 명확하게 매듭짓고 가는 것이 부모의 큰 의무라는 것을 정확히 인식해야 한다. 화목하지 않은 집안에 재산이 아무리 많은들 무슨 의미가 있겠는가?

04

화목한 상속에 주어지는 선물, 절세

◆ 화목한 상속이 필요한 이유

상속세는 상속인 간 사이가 좋으면 의외로 절세 여지가 큰 세금이다. 화목한 상속은 선친이 평생의 수고로 일궈온 재산을 상속세 조사라는 거친 풍랑을 잘 막아내는 방파제 역할을 할 수 있다. 화목한 가족일수록 외부로부터 고난과 어려움을 잘 견뎌낼 것은 당연하기 때문이다. 필자는 화목한 상속에 대해서는 일부러 수수료도 할인해준다. 화목하면 상속인 간에 협의가 빠르고, 원활한 미팅, 빠른 서류 전달 등으로 불필요한 업무도 줄어든다. 화목한 가족은 보기에도 좋다. 업무수행자에게도 보람 있는 일이 된다. 하지만 화목하지 못한 상속이라면 상속인들과 함께 몇 배의 힘겨운 노력으로 대면하고 협의하는 과정이 추가된다.

또한 상속인 입장에서 보아도 협의가 잘 이루어지는 화목한 상속이라면 합심하여 유능한 상속 전문 세무사를 찾으면 되지만, 이에 반해 재산 분쟁이 있는 가족은 실력보다는 자신에게 많은 재산을 가지게 조

언해주는 세무사를 찾게 된다. 이처럼 분쟁이 있다면 절세와는 점점 더 거리가 멀어지게 된다. 아무튼 화목한 상속이 절세로 가는 첩경임은 분명하다.

◆ 집 없는 자녀가 주택을 받아야 적용하는 동거주택상속공제

현행 상증법(상속세 및 증여세법)은 1주택만을 가지고 있는 망인이 그 집에서 무주택자인 자녀와 10년 이상 계속해서 함께 살아왔다면, 이 자녀에게 망인의 주택을 상속해주면 최대 6억 원까지 동거 주택상속공제를 적용해준다.

홀아버지가 상가와 주택을 남기고 돌아가셨다고 가정하자. 유주택자인 형은 상가를 상속받고, 아버지와 함께 10년 이상 살아온 무주택자인 동생은 주택을 상속받아 동거주택상속공제를 적용받으면 상당한 금액의 상속세를 줄일 수 있다. 다시 말해 적절한 재산 배분을 통해 절세가 가능하다. 그러나 형이 욕심을 부려 상가와 주택을 모두 받고자 하거나, 오히려 무주택자인 동생이 상가를 받고자 하는 등 재산분할이 원활하게 이루어지지 않으면 6억 원까지 공제해주는 동거주택상속공제를 적용받기 어려워진다.

◆ 배우자에게 실제로 재산을 배분해 주어야 공제해주는 배우자상속공제

배우자상속공제는 배우자에게 실제 배분하는 재산에만 배우자의 법정상속분에 해당하는 금액까지 상속재산에서 공제해 주는 제도다. 다시 말해 배우자상속공제의 전제조건이 공제액에 해당하는 금액만큼 배우자에게 실제로 상속재산이 배분되어야 한다는 것이다. 만약 상속인 간 재산 분쟁으로 상증법이 인정하는 공제 한도 금액만큼 배우자에게 상속재산을 배분하지 않는다면, 그 부족하게 배분한 금액은 배우자상속공제를 적용받지 못하게 된다. 배우자상속공제 금액은 최소 5억 원에서 30억 원까지 비교적 탄력적으로 규정하고 있어, 상속인 간에 화목하기만 해도 원활한 재산분할로 상당한 정도의 상속세를 절세할 수 있다.

✚ 추징없이 무사히 지나가게 된 증여 탈루사실

국민들의 납세 의식은 예전에 비하여 많이 발전하였지만 아직도 미흡한 부분이 많다. 특히 증여세 부분은 더욱 그렇다. 가족 간에 은밀하고 내부적으로 자금이동(증여)이 이루어지는 상황이 많으므로 설마 과세관청이 이런 내용까지는 알지 못할 것이라고 생각하는 이들이 많다. 이와 같은 세목의 특성을 반영하듯이 상속세와 증여세는 반드시 과세관청의 세무조사 등에 의하여 세금이 확정되는 '정부 결정주의'를 채택하고 있다(이에 반하여 법인세, 소득세, 부가가치세 등 대부분의 세목은 납세자의 신고로 세액이 확정되는 '신고주의'를 채택하고 있음). 상속세 조사는 사실상 증여세 조사라고 할 수도 있는데, 이는 조사의 중심이 상당 부분 숨겨진 증여 탈루를 찾는 데 초점이 맞춰져 있기 때문이다.

이처럼 과세관청은 세무조사 시 신고되지 않은 증여재산 포착을 위해 많은 노력을 기울인다. 사실상 가족 간에 증여 탈루는 흔히 볼 수 있는데, 이때 분쟁이 있는 가정보다 화목하고 협의가 잘 되는 가정이 세무조사를 슬기롭게 헤쳐나갈 가능성이 크다. 상속세 신고 시 10년 이내 증여재산은 상속재산에 가산하여 함께 신고해야 하는데, 사실상 증여하였으나 증여세를 신고하지 않았다면 이미 대부분의 가산세가 발생한 상태다. 따라서 상속세 신고 시 상속재산에서 합산하여 신고해야 하는 증여재산을 누락하는 일이 실무적으로 종종 있다. 이때 상속인 간 화목한 가정이라면 이와 같은 부분에서도 잘 대응할 가능성이 훨씬 크다. 상호 믿음이 있는 가족 간에는 상대방의 비밀이나 허물을 들춰내기보다는 감싸줄 것이 당연하기 때문이다.

05

가족 간 불화는
세금으로 폭망하는 지름길

✚ 상속개시 직전 단독주택을 급매처분

상속인 간의 불화는 절세를 어렵게 만든다. 그래서 세금폭탄을 맞게 될 수도 있고 수년간 소송에 휘말리기도 한다. 심적, 시간적, 경제적으로 회복하기 어려운 손실을 안게 될 수도 있다. 상속인 간에 불화가 절세에 도움이 되지 않는 이유는 무엇일까? 실무를 하다 보면 상속인 간에 분쟁사례를 수도 없이 본다. 간단한 예를 몇 가지 들어보겠다.

노년에 사이가 좋지 않은 한 노부부가 있었다. 할머니 혼자 양로원에 있다가 그곳에서 알게 된 양로원 원장을 말뿐인 양아들로 삼았다. 양아들은 그만 돈 욕심에 눈이 멀어 할머니가 돌아가시기 일주일 전에 할머니의 전 재산이자 달랑 한 채뿐인 단독주택을 20억 원(개별주택가격은 10억 원)에 처분했다.

상속세 계산 시 아파트는 시세대로 평가하지만 단독주택은 시세를 파악하기 어려워 개별주택가격으로 평가한다. 그리고 그 평가가격이 사실상 시세의 절반 정도밖에 안 된다. 따라서 양아들이 주택을 급히 처분하지만 않았다면 상속재산 가액은 시세 20억 원이 아닌 개별주택 가격 10억 원이 된다. 문제는 상속개시 전후 6개월 이내 주택을 매매했다면 당해 주택의 매매가액으로 평가하도록 규정하고 있다는 것이다.

상증법상 배우자가 있는 분이 돌아가실 때는 일괄공제 5억 원, 배우자상속공제 최소 5억 원으로 합계 10억 원을 공제해준다. 즉, 상속재산 10억 원까지는 세금을 내지 않는다. 만약 할머니가 돌아가실 때까지 집을 가만히 가지고 있었으면 상속세를 전혀 납부하지 않아도 되었다. 그리고 추후 상속인이 상속주택을 상속받아 1가구 1주택 비과세요건을 갖추면 양도세 역시 거의 납부하지 않을 수 있었다. 허울뿐인 양아들은 욕심만 앞세워 무작정 집을 처분해버려 세금 잔치만 벌이게 되었다. 제로였던 상속세가 폭탄이 되어 돌아온 것이다.

◈ 8년 전 동생에게 증여한 재산을 아버님 차명재산으로 상속세 신고

"이 주식은 형의 것이 아닙니다. 명의만 바꿨을 뿐 실제로는 아버님 것입니다."

사이가 좋지 않은 형제가 있었다. 아버지가 돌아가시자 동생은 재산 욕심에 아버지가 형에게 8년 전에 증여한 주식을 두고 이는 실제 증여한 것이 아니라 단순히 형 명의로만 했을 뿐, 실제로는 아버님 주식이라는 것이다. 결국 동생은 이 주식을 아버지의 상속재산에 포함하여 신고해 버렸다. 국세청은 누구의 말을 믿었을까? 거둘 수 있는 세금이 있는데 안 거두면 그것도 이상할 것이다. 동생 말이 더 신빙성 있다고 판단한 과세관청은 형 명의의 주식을 다시 본래 소유자였던 돌아가신 아버지의 주식으로 인정하였다. 이에 따라 증여 시점의 주식평가액 3억 원을 기준으로 증여세만 납부하고 종결할 수 있었던 것을, 상속(사망)개시 당시의 주식평가액 30억 원을 기준으로 상속재산이 처리되었다. 한순간에 폭탄과 같은 상속세를 납부하게 된 것이다.

✚ 분쟁으로 날리는 변호사와 세무사 수수료만 천정부지

한번은 어느 자산가가 돌아가셨는데 재산 다툼이 극심해서 상속인 3명이 각각 변호사 3명, 세무사 3명을 선임했던 일을 수행한 적이 있었다. 화목한 상속이라면 변호사도 필요 없고 세무사 1명이면 충분했을 일이다.

재산 분쟁에 대하여는 일반적으로 더 높은 수수료가 청구된다. 분쟁이 있는 상속은 그만큼 더 많은 감정과 시간이 소모되며, 불필요한 업무가 추가로 발생하기도 한다. 자칫 잘못하면 상속인 중 어느 한 편을 든다고 오해를 사게 되는 일도 있다. 심지어 동일한 내용의 설명을 오전에는 오빠에게, 오후에는 여동생에게 반복적으로 수행하기도 한다. 일반적인 상속보다 여러모로 에너지가 많이 소모된다.

하지만 가장 손실이 큰 건 상속인들이다. 몇년 전부터 진행 중인 한국의 LG화학과 SK이노베이션이 미국에서의 천문학적 소송으로 현지 미국 법무법인만 이익을 본 것처럼, 기사에 자주 접하는 수많은 상속

분쟁으로 소송 당사자인 상속인들은 정신적, 금전적, 시간적으로 크나큰 손실을 보게 된다.

◆ 큰아들이 아버님 재산을 단독으로 모두 사전 증여받아

아버지가 돌아가시기 직전 큰아들이 어머님과 동생들 반대의견을 무릅쓰고 아버지의 전 재산인 12억 원 상당액의 아파트 1채를 미리 사전 증여 받고 12억 원에 해당하는 증여세 2억8천5백만 원을 납부했던 건이 있었다.

상증법상 아버지가 어머니를 남겨두고 먼저 돌아가셨을 때, 최소 10억 원의 상속공제(일괄공제 5억 원, 배우자공제 5억 원)를 적용해준다. 이런 상황에서는 큰아들이 아버님이 돌아가실 때까지 기다린 후 가족들과 합의해서 단독으로 상속받는다고 하더라도 상속세는 3천만 원만 납부하고 종결할 수 있었다. 10억 원이 상속공제되어 나머지 과세표준 2억 원에 대해서 3천만 원만 납부하면 되기 때문이다. 그러나 돌아가시기 전에 증여받아버렸고, 증여에서는 5천만 원만 공제되므로 12억에서 5천만 원을 공제한 나머지 금액에 대한 세금 2억8천5백만 원을 납부하게 된 것이다. 이처럼 똑같은 12억 원의 아파트가 돌아가시기 전에 받았는지 후에 받았는지에 따라 그 세금이 2억8천5백만 원이 될 수도 3천만 원이 될 수도 있다.

상속은 전원의 동의가 필요하나 증여는 아버님 혼자만의 동의만 있으면 된다. 상당한 정도의 상속공제에 대해서 알고 있음에도 돈욕심에 이런 선택을 하는 사람들도 있다. 사전 증여가 항상 답이 아닌 좋은 사례다. 사전 증여를 받을지라도 최소한 상속공제액에 해당하는 만큼은 남겨두고 증여하는 것이 궁극적으로 전체 세부담을 줄이게 된다. 이처럼 가정이 화목하면 적절한 때까지 기다릴 수 있다. 그러나 화목하지 못하면 그때를 기다리지 못해 절세가 어려워진다.

06

우리나라에
'상속재산분할조정위원회'가 필요한 이유

✚ 돈 앞에서 무너져 가고 있는 가족관계

상속 분쟁으로 가족이 해체되는 막대한 사회적 비용발생을 막고 화목한 상속을 국가적인 차원에서 지원하기 위하여 상속 재산 분쟁을 사전에 조정하는 사회적 합의기구(상속재산분할조정위원회)가 법제화되어야 한다.

우리 사회의 가장 소중하고 절대적인 기본 구성단위는 가족이지만 재산다툼을 거치게 되면 대부분 쉽게 부서져 버린다. 오히려 남보다 못한 사이가 될 수 있다. 정확한 통계수치는 없으나 경험상 대여섯 집에 한 집은 그렇지 않을까 싶을 만큼 상속 이후 재산 분쟁으로 고통 받는 가족이 많다. 상속 분쟁(즉, 가족붕괴)은 개개인의 행복뿐 아니라 사회적 관점에서도 반드시 해결해야 할 문제다.

사람은 태어나서 꼭 죽게 되어있다. 그리고 죽은 자의 재산은 얼마가 되었든 남은 가족들이 상속받는다. 이때 누군가는 금수저, 은수저 또는 어쩔 수 없이 흙수저를 받게 된다. 그리고 있으면 있는 대로, 없으면 없는 대로 조금 더 갖겠다고 다투는 일이 많다. 갑작스러운 사망으로 미리 준비되지 않은 상속 문제가 발생했을 때 사회적으로도 많은 대가를 치르게 된다. 무엇보다 든든해야 할 가족이라는 울타리가 돈 앞에서 무너지는 것을 쉽게 접하는 것이 우리의 현실이다. 돈이 전제된 상황에서 상속자나 이해당사자 간 상호 원만한 합의는 쉽지 않다. 특히 상속인들에게 각자의 배우자와 자녀들이 있다면 더욱 어려울 수밖에 없다.

대한민국이 2, 30년 전에 비해 놀라운 경제 성과를 이룬 것은 분명하다. 그렇다고 2, 30년 전에 비해 그만큼 행복해졌다고 말할 수 있을까? 오히려 그 반대로 느끼는 이들이 많다. 자본주의와 개인주의의 심화로 재산소유의 중요성은 증가하는 것에 비하여 가족 간의 유대가 점점 약화하는 것도 한 원인일 것이다. 가족은 예나 지금이나 인간에게 영원한 안식처임에 틀림없다.

그런데 상속으로 인한 재산 다툼으로 가족이 해체될 수 있다는 사실을 사전에 인식하고 이에 대비하는 일은 매우 드물다. 개개인 스스로 철저한 사전 준비로 상속 분쟁을 예방한다면 금상첨화일 것이다. 그러나 이를 개개인에게만 맡겨두기에는 상속 분쟁으로 인한 가족해체 정도가 점점 심각해지고 있다.

◆ 상속재산분쟁 조정기구의 필요성

그렇다면 재산 분쟁에 따른 막대한 사회적 비용 발생을 막기 위한 다른 방법은 없을까? 필자는 국가 차원에서 상속분쟁조정기구의 설치가 필요하다고 생각한다. 예를 들어 상속재산분할조정위원회를 설치하여 화목한 상속을 위한 법 상식 차원에서 사전적인 자문과 분쟁을 조정해주는 사회적 시스템을 구축하자는 것이다.

재산 분쟁이 일어나기 전 가족 당사자 간의 원만한 합의를 모색하는 선제적 조정기구는 꼭 필요하다. 모든 이해 당사자들이 납득할 수 있도록 상속재산 분할을 사전에 조정하고, 설령 상속 분쟁이 일어났을지라도 전문성과 공정성을 갖춘 사회적 조정시스템으로서 갈등을 조절하자는 것이다. 상속 분쟁이 있다면 사실상 상속인 간에는 이미 갈등이 깊어져 상식 차원에서 대화가 되지 않고 서로의 주장만 되풀이하다 이내 소송으로 치닫게 된다. 이때는 몇 십년간의 재산을 추적해야 하는 상속 분쟁의 특성상 가족은 이미 해체된 것과 다름없다.

따라서 재산 다툼이 있다면 조정기구를 통해 법과 상식 테두리 내에서 재산 분할을 안내받게 된다. 상속인들 간 직접적인 재산 분할은 자제하고 조정기구의 적극적인 안내에 따른다면 가족관계는 계속해서 유지될 것이다. 만약 이와 같은 조정기구의 존재를 알고 있다면 다툼의 소지가 있는 대부분의 상속인들은 이를 적극적으로 이용하고자 할 것이다. 재산욕심이 있듯이 가족욕심도 분명히 있을 것이기 때문이다.

✦ 그렇다면 어떻게 해야 설립할 수 있는가?

이를 위해서는 먼저 입법화를 통해 상설기구인 상속재산분할조정위원회(가칭)를 설립해야 한다. 공청회 등을 통해 조정위원회의 당위성과 필요성을 인식시키고, 사회 각계의 의견을 모아 입법부인 국회에서 우선 조정기구에 관련한 근거 법령을 만들어야 한다. 그리고 그 법률에 근거하여 각계 전문가로 구성된 상속재산분할조정위원회가 설치되어야 한다. 분명 쉽지 않은 길이지만 그만큼 필요하다. 상속은 우리 모두의 문제다. 모든 가족은 원하건, 원하지 않건 반드시 상속을 맞이하기 때문이다.

사람은 태어나서 꼭 죽게 되어있다. 그리고 죽은 자의
재산은 얼마가 되었든 남은 가족들이 상속받는다. 이
때 누군가는 금수저, 은수저 또는 어쩔 수 없이 흙수저
를 받게 된다. 그리고 있으면 있는 대로, 없으면 없는
대로 조금 더 갖겠다고 다투는 일이 많다. 갑작스러운
사망으로 미리 준비되지 않은 상속 문제가 발생했을
때 사회적으로도 많은 대가를 치르게 된다. 무엇보다
든든해야 할 가족이라는 울타리가 돈 앞에서 무너지는
것을 쉽게 접하는 것이 우리의 현실이다.

INHERITANCE TAX

떠나는 사람도
남는 사람도 행복한
상속을 위한 상식

상속인의 당연한 권리
꼭 알아야 할 우리나라 상속제도

부인과 딸이 있는 한 60대 남자가 내연녀와 불륜에 빠져 가족을 저버리고 '생전에 상속재산을 내연녀에게 모두 주겠다'는 내용의 유언장을 작성하고 사망했을 때 법정상속인인 어머니와 딸은 재산을 상속받을 수 있는가?

법정상속인인 어머니와 딸은 유류분 제도를 이용하여 일정액을 상속받을 수 있다.

✛ 남녀 차별은 이제 잊는다

과거에 여성은 출가외인이라는 인식과 남녀 간의 차별로 남자상속분의 2분의 1 밖에는 상속받지 못하였다. 그러나 현재 남녀는 평등한 인격체라는 의식이 일반화되면서, 호주제도의 폐지와 함께 상속인이 시집간 딸인지 아닌지에 관계없이 동일한 상속분을 가지도록 바뀌었다.

✛ 혼외 자녀도 동등하다

혼인한 관계가 아닌 자 사이에 태어난 자녀도 혼인한 부부사이에 태어난 자녀와 동등하게 상속권이 있으며, 그 상속 지분도 동등하다. 다시 말해 혼외 출생자일지라도 그 출생 사실을 알게 되었다면 혼인 중 출생자와 동일한 자격의 상속인이 되어 똑같은 비율로 재산을 상속한다. 한편 부부가 혼인한 관계가 아닌 자 사이에 태어난 자녀를 법률에 따라 입양할 때 그 입양자는 양부모로부터 상속권이 동등하게 존재한다.

✛ 유류분 제도는 유언보다 우선한다

우리나라 민법은 망인의 유산처분 자유를 빼앗지 않으면서, 다른 한편으로는 법정상속인에게 최소한의 상속재산을 받을 권리를 보장하기 위하여 유류분 제도를 인정하고 있다. 유류분이란 상속인의 자격이 있는 직계비속·배우자는 최소한 법정상속분의 2분의 1 이상(직계존속·형제자매는 3분의 1 이상) 재산상의 권리를 인정해주는 제도를 말한다. 이러한 유류분 제도는 유언보다도 우선하여 적용된다.

✦ 기여한 만큼 더 받을 수 있다

기여분 제도란 상속인 중 망인의 재산 유지나 증가에 대해서 특별히 기여하였거나 망인을 부양한 자에 대하여 그가 기여한 만큼의 재산을 가산하여 상속분을 인정해 주는 제도로서 우리나라 상속 제도의 중요한 특징 중 하나다.

기여란 어떠한 일이나 사람에게 도움이 되도록 이바지하는 것을 말한다. 노력에 의한 이바지를 상속재산으로 보상해주는 것이다. 예를 들어 병마로 몸져 누운 노부모를 간병하고 봉양한 자녀에게 상속재산을 더 인정해주거나, 부모와 함께 회사를 경영하면서 회사를 성장시킨 자녀에게 그 기여분을 인정해주는 것이 여기에 속한다. 기여분은 상속인 간 협의에 의하여 원만하게 해결되면 문제가 없지만, 그렇지 않으면 소송으로까지 종종 이어지기도 하므로, 기여분에 대하여 반드시 공동상속인 간에 서로의 인정과 이해가 선행되어야 한다.

2008~2018년 상속세 신고 현황(과세미달 제외)

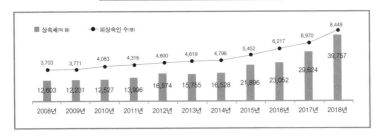

상속은 어떤 효과를 발생시키는가?
빚의 상속 조건

고인이 된 아버지가 생전에 큰아버지의 부동산을 명의 수탁(명의를 빌려준 것을 말함)하여 아버지 명의로 등기된 상태에서 돌아가셨을 때, 그 부동산은 아버지의 상속재산인가?

수탁명의자   실제 건물주인

부동산은 명의신탁한(명의를 빌린) 사람(큰아버지)의 소유로서 아버지의 상속재산이 아니다.

◆ 재산상, 법률상의 모든 권리와 의무의 승계

상속인은 상속이 개시되는 때 망인의 재산에 관한 모든 권리와 의무를 포괄적으로 승계한다. 상속재산은 망인에게 귀속되는 재산으로서 금전으로 환산할 수 있는 경제적·재산적 가치가 있는 모든 물건과 권리를 포함한다. 또한 채무 및 기타의 재산적 의무 역시 모두 상속된다. 법률상 지위 또는 계약상 지위도 당연히 승계된다.

◆ 납세의무와 불복 청구권·민사소송권의 승계

세법상의 지위 역시 상속인이 포괄적으로 승계하게 된다. 따라서 망인이 본래 납부하여야 할 세금뿐만 아니라 연대납세의무자로서 납부하여야 할 세금도 승계하며, 망인에 대하여 행한 법률상의 행정처분까지도 당연히 승계된다. 망인이 사망하기 전 받은 처분에 대해서 불복 청구 기간 내에는 상속인이 불복을 제기할 수 있다. 그리고 민사소송법에서 소송당사자가 사망하면 상속인 등이 소송을 계속하여 수행하게 된다.

◆ 개별적인 절차의 생략

상속재산을 구성하는 개별적인 권리와 의무는 별도의 절차 없이 포괄적으로 모두가 한꺼번에 승계된다. 즉, 상속재산과 상속채무에 대한 이전 절차 유무와 관계없이 상속인이 승계한다. 이는 특별한 의사 표시가 없어도 망인의 사망이라는 사실에 따라 당연히 일어나는 것이다.

◆ 상속이 발생하는 시기

망인이 사망하는 때를 상속개시일이라고 한다. 이와 같은 상속개시일은 상속으로 인한 승계기준일이 되는 시점이다. 이에 따라 상속이 발생할 때 상속재산과 상속채무가 모두 상속인에게 이전된 것으로 본다. 상속인이 상속을 포기하는 때 역시 망인의 사망 당시로 거슬러 올라가 망인의 사망 당시부터 상속을 포기한 것으로 본다. 한편 상속을 포기할 수 있는 기한을 넘긴 상속인은 자기가 상속인이라는 사실 및 망인의 재산이나 채무의 구체적인 내용을 알았는가에 관계없이 상속재산과 상속채무를 승계하게 된다. 이런 상황에서는 상속재산과 상속채무의 승계 시기는 일률적으로 망인의 사망일 현재가 된다.

과연 나는 상속인이 될 수 있는가?
상속인의 순위

박 씨 부부는 대가족이다. 연로하신 어머님을 모시고 있으며, 외아들 내외뿐만 아니라 손자손녀, 게다가 아직 장가를 못 간 박 씨의 동생까지 한집에서 오손도손 함께 살고 있다. 이런 대가족을 이루고 단란하게 사는 박 씨 가족, 만약 박 씨가 세상을 등지게 되면 누가 상속인이 될까?

유산주세요~

대가족을 이루고 살고 있더라도 상속인은 박 씨의 부인과 외아들뿐이다.

◆ 상속인의 결정

상속인이란 사망한 자의 재산을 물려받는 사람을 일컫는 말로써, 그 상속인의 결정은 유언에 따르며, 유언이 없을 때는 민법에 따라 상속인이 결정된다.

민법상 상속인자격이 있는 자와 상속인자격이 없는 자

상속인이 될 수 있는 사람	상속인이 될 수 없는 사람
• 태아 • 이성동복의 형제(부가 다르고 모가 같은 형제) • 이혼소송 중인 배우자 • 인지된 혼외자(혼인 외의 관계로 태어난 자) • 외국국적(북한 포함)을 가지고 있는 상속인	• 적모서자 관계와 계모자 관계* • 사실혼 관계에 있는 배우자 • 상속결격 사유가 있는 사람 • 이혼한 배우자

* 적모서자(嫡母庶子) 관계란 혼인 외의 출생자(서자)와 부의 배우자(적모, 본처) 사이의 관계를 말하며, 계모자 관계란 계모(새어머니)와 전처 출생의 자녀와의 관계를 말한다. 민법은 개정을 통해 적모서자 간의 친족관계와 전처의 출생자와 계모 간의 친족관계는 소멸하는 것으로 규정하고 있다. 따라서 적모서자 관계와 계모자 관계에서는 상속권이 발생하지 않는다. 이럴 때 적모나 계모의 생전에 양자로 입양하여 상속인의 지위를 부여하거나 생전에 적법한 유언으로 상속재산을 물려줄 수 있다.

◆ 배우자의 상속순위

망인의 배우자는 언제나 제1순위의 상속인이 된다. 망인의 배우자는 망인의 직계비속(자녀, 손자, 증손자)이나 망인의 직계존속(부모, 조부모, 증조부모)이 있다면 이들과 함께 공동상속인이 되고 직계비속이나 직계존속이 없는 때에는 단독으로 상속인이 된다. 여기서 '배우자'란 혼인신고를 한 법률상의 배우자만을 가리키며, 사실혼의 배우자는 포함하지 않는다.

◆ 상속인의 순위

상속인에는 항상 제1순위인 배우자 외에 망인과 가까운 정도에 따라 그룹별로 다음과 같이 제1순위부터 제4순위까지 순위가 정해져 있다. 최우선 순위의 상속인은 상속재산 전부에 대한 소유권이 있으며, 다음 순위의 상속인과 재산을 나누지 않아도 된다.

상속인의 순위

순위	상속인	비고
제1순위	망인의 배우자와 직계비속(자녀)	가장 우선순위로 상속인이 됨
제2순위	망인의 배우자와 직계존속(부모)	1순위가 없다면 상속인이 됨
제3순위	망인의 형제자매	1·2순위가 없다면 상속인이 됨
제4순위	망인의 4촌 이내의 방계혈족(삼촌, 고모)	1·2·3순위가 없다면 상속인이 됨

각 상황별 상속인

구분	적용 순위	
	직계비속이 있을 때	직계비속이 없을 때
배우자가 있는 경우	배우자와 직계비속	배우자와 직계존속 (직계존속이 없는 경우 배우자 단독상속)
배우자가 없는 경우	직계비속 단독상속	1순위 : 직계존속
		2순위 : 형제자매
		3순위 : 4촌 이내 방계혈족

상속인의 자격과 상속의 순위?
https://blog.naver.com/sangsokse0/222621762619

상속인 간 재산은 어떻게 나누는가?
상속재산의 분할

망인이 돌아가실 때 재산에 대한 상속비율은 생전에 유언이 있었다면 그 유언에 따라 결정되며, 유언이 없었다면 공동 상속인 간 협의하여 상속재산을 분할한다.

그런데 만약 공동 상속인 간 합의가 이루어지지 않는다면 민법상 법정상속분에 따라 결정된다. 그러나 이에 불복하고 소송을 청구한다면 어떻게 될까?

조정·심판분할의 결정에 따라 상속재산을 분할한다.

◆ 유언에 의한 분할

망인의 유언이 있다면 그 유언에 따라 상속인들은 재산을 상속받게 된다. 망인이 유언으로 생전에 미리 상속분을 지정했다면 그 지정 상속 비율에 의한다. 유언은 실질적으로 상속분을 지정하는 것으로써, 이와 같은 상속분의 지정은 망인의 생전에 유언에 의해서만 할 수 있다. 그러나 유언이 있더라도 상속인 전원협의에 따라 유언과는 달리 상속재산을 분할할 수도 있다.

◆ 공동상속인 간 협의에 따른 분할

별도의 유언이 없거나 공동상속인이 유언을 포기할 때 공동상속인은 언제든지 협의하여 상속재산을 분할할 수 있다. 상속재산의 협의분할은 일종의 계약이므로 공동상속인 전원이 참가하여야 하며, 일부의 상속인만으로 한 협의분할은 무효다. 협의분할은 반드시 한자리에서 이루어 질 필요는 없고 상속인 중 한 사람이 만든 분할 원안을 다른 상속인들이 후에 돌아가면서 승인해도 관계없다. 협의분할 시 상속인 중에 미성년자가 있다면, 미성년자인 상속인의 권리가 침해되지 않도록 미성년자를 대신하여 협의하여야 할 특별대리인의 선임이 필요하다.

◆ 법정 비율에 의한 분할

망인의 유언이 없는 상태에서 공동상속인 간 별도의 협의분할 사항이 없다면 공동상속인은 상속인 각자가 취득하게 될 법정상속 비율에 따라 상속하게 된다.

상속인의 법정상속 비율

구분	상속인	상속분	비율
자녀 및 배우자가 있는 망인의 경우	장남, 배우자만 있는 경우	장남 1	2/5
		배우자 1.5	3/5
	장남, 장녀, 배우자만 있는 경우	장남 1	2/7
		장녀 1	2/7
		배우자 1.5	3/7
자녀는 없고 배우자 및 직계존속(부·모)이 있는 망인의 경우		부	2/7
		모	2/7
		배우자 1.5	3/7

◆ 조정 또는 심판에 의한 분할

상속재산의 협의분할이 제대로 이루어지지 않았다면 각 공동상속인은 가정법원에 우선 조정을 신청하여야 하며, 조정이 성립되지 않으면 당사자는 심판을 청구할 수 있다. 심판분할의 구체적인 방법은 현물분할을 원칙으로 하지만, 가정법원은 현물로 분할할 수 없거나 분할로 인해 현저히 그 가액이 줄어들 염려가 있는 때에는 물건의 경

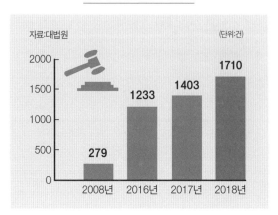

상속재산분할청구소송 추이

자료:대법원 (단위:건)

- 2008년: 279
- 2016년: 1233
- 2017년: 1403
- 2018년: 1710

매를 명할 수 있다. 가정법원은 분할의 대상이 된 상속재산 중 특정의 재산을 1인 또는 수인의 소유로 하고, 그의 상속분 및 기여분과 그 특정의 재산총액의 차액을 현금으로 정산할 것을 명할 수 있다. 재산분할에 따른 차액은 금전으로 배상하는 것을 인정한다.

상속분과 상속재산의 분할방법?
https://blog.naver.com/sangsokse0?Redirect=Update&logNo=2
22621858390

05

상속, 무조건 승인할 것인가?
단순승인과 상속포기

김 씨는 사망 당시 10억 원의 재산을 남겼으며, 상속인으로는 처와 아들 1명, 딸 1명이 있다. 아들이 상속을 포기하였다면 처와 딸이 상속받게 되는 금액은?

아들의 상속포기로 처(배우자)는 1.5/2.5, 딸은 1/2.5의 상속분이 귀속되므로 처는 6억 원, 딸은 4억 원을 상속받게 된다.

✚ 상속승인과 상속포기는 자유다

우리나라 헌법 및 민법은 근대사법의 주요 원칙인 사적자치의 원칙을 인정하고 있고, 자본주의 사회에서 개인의 의사를 무시하고 권리·의무의 승계를 강제할 수는 없다. 따라서 상속은 승인할 수도 포기할수도 있다. 상속포기제도는 이와 같은 사정을 고려한 일종의 상속인보호제도다.

✚ 단순승인은 모두 승계하는 것이다

상속인이 망인의 사망을 안 날로부터 3개월 이내에 한정승인을 신청하지 않거나, 상속을 포기하지 않으면 상속인이 상속을 승인한 것으로 본다. 이를 단순승인이라 한다. 일반적으로 상속포기 기한(사망일로부터 3개월)이 지나면 자연스럽게 단순승인한 것으로 보게 된다. 민법은 상속인을 보호하기 위하여 상속포기 제도와 한정승인 제도를 운영하고 있다.

단순승인·한정승인·상속포기의 비교

구분	단순승인	한정승인	상속포기
상속채무에 대한 인적 무한변제책임 (상속인의 본래 소유재산과 함께 변제)	O	x	x
상속채무에 대한 물적 유한변제책임 (상속재산 한도 내에서 변제)	x	O	x
상속 또는 상속포기 방법	의사표시가 특별히 필요하지 않음	가정법원에 신청 (재산목록 첨부)	가정법원 신청

✦ 재산보다 채무가 많다면 상속을 포기할 수 있다

상속포기는 포괄적·무조건적으로만 할 수 있으며, 일부의 포기나 조건부 포기는 인정되지 않는다. 상속포기는 상속개시가 있음을 안 날로부터 3개월 내 가정법원에 포기신고를 하여야 한다.

✦ 상속포기하면 후순위 상속인에게 상속권이 이전된다

상속포기는 해당 상속인이 상속권을 포기함으로써 후순위 상속인에게 상속권이 이전되는 것을 말한다. 1순위 상속인(배우자, 직계비속) 모두가 상속포기를 하면 2순위 상속인(직계존속)에게 상속권이 넘어가고 그 상속인들도 상속을 포기하고자 할 때 다시 상속포기를 해야 하며, 다시 3순위 상속인(형제자매), 4순위 상속인(4촌 이내 방계혈족)이 모두 이와 같은 과정을 거쳐야 한다. 그렇지 않고 상속포기의 기한이 지나가면 단순승인이 되므로 특히 이에 주의하여야 한다. 이와 같은 불편함으로 인하여 실무에서는 상속포기보다는 한정승인 방법을 많이 이용하고 있다.

남겨준 재산, 받아야 하나? 포기해야 하나?(상속포기와 한정승인)
https://blog.naver.com/sangsokse0/222622013184

06

아무 생각 없는 상속포기, 가까운 친척에겐 민폐 상속포기와 한정승인

김 사장의 사망 당시 재산 5억 원이 있는 것은 확실하나 채무가 도 대체 얼마인지 모르는 상황에서 상속인인 그의 아내와 아들이 할 수 있는 방법은?

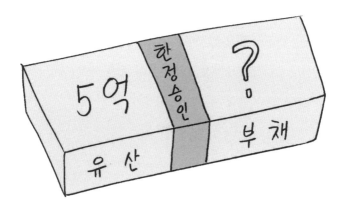

재산 5억 원만큼만 채무를 부담하는 조건의 한정승인 방법을 선택할 수 있다.

◆ 상속받은 재산만큼만 상속채무를 갚으면 끝이다

상속으로 얻은 재산의 한도 내에서 망인의 채무를 부담하는 조건으로 상속을 승인하는 것을 한정승인이라고 한다. 우리 민법은 상속인이라면 망인의 권리의무를 당연히 승계하는 것을 원칙으로 하는 당연상속주의를 취하고 있으나, 망인의 빚이 재산보다 많다면 이를 상속인이 포괄적으로 상속받아 자기의 고유재산(망인의 사망일 이전부터 상속인이 소유했던 재산)으로 부담하도록 하는 것은 상속인에게 지나치게 가혹하기 때문에 상속인 보호 목적으로 한정승인 제도를 두고 있다. 한정승인은 '상속채무는 전부 승계하지만 책임의 범위가 상속재산에 한정된다'는 의미로서, 한정승인자가 망인의 채무를 갚고 남은 재산은 한정승인을 한 상속인에게 상속된다.

◆ 상속포기보다 한정승인이 깔끔하다

상속포기제도는 상속재산보다 상속채무가 많은 이유로 상속포기를 하고자 할 때 1순위 상속인(배우자, 직계비속)부터 4순위 상속인(4촌 이내 방계혈족)이 모두 순차적으로 상속을 포기해야 하는 번거로움이 있다.

따라서 이때 한정승인을 활용하여 1순위 상속인(배우자, 직계비속) 중 1명(다른 1순위 상속인들은 상속포기 신청)이 상속재산 범위 내에서만 채무를 승계하는 것이 하나의 방법일 수 있다. 한정승인을 신청하게 되면 나중에 상속 재산이 추가로 발견되어도 상속을 받을 수 없는 문제점을 해결할 수 있다.

✛ 한정승인은 어떻게 신청하는가?

한정승인을 하고자 하는 상속인은 상속개시가 있음을 안 날로부터 3개월 이내에 상속재산목록을 작성, 첨부하여 가정법원에 한정승인신청을 하여야 한다. 상속재산 중 이미 처분한 재산이 있는 때에는 그 목록과 가액도 함께 제출한다. 한정승인신청을 할 때 상속재산을 고의로 재산목록에 기재하지 않으면 단순승인으로 본다는 점에 유의해야 한다.

한정승인과 상속포기의 비교표

구분		한정승인	상속포기
개념 · 목적		상속인이 상속재산의 범위 내 에서 상속채무를 변제하는 내용의 신고	상속인의 상속재산 및 상속채무 권리의무 일체를 포기하는 신고
무능력자		법정대리인이 대리신고	법정대리인이 대리신고
신고기간	고려기간	상속개시 사실을 안 날로부터 3개월 내	상속개시 사실을 안 날로부터 3개월 내
방법	인감증명서	O	O
	재산목록 첨부	O	x
	공동상속인	각자 신고	각자 신고
효과	일반적 효과	상속채무 완전승계, 변제책임은 상속재산 범위 내	처음부터 상속인이 아닌 것과 같아짐

내연녀에게 모두 주겠다는 황당한 유언장 유류분 제도

홀아비로 오랜 시간을 보낸 망인은 교통사고로 아들, 딸을 남겨두고 갑작스레 세상을 떠났다. 남겨진 가족은 황당한 유언장을 보게 된다. 유일한 재산으로 가족이 함께 살던 아파트를 내연녀(법정상속인이 아님)에게 준다는 유언이었기 때문이다. 그렇다면 아들과 딸은 재산을 일부라도 받을 수 있을까?

상속인 자격이 있는 아들과 딸은 유류분에 해당하는 금액을 청구할 수 있다.

◆ 누가 유류분을 주장할 수 있는 걸까?

망인이 재산을 생전에 증여하거나 유언을 하면서 '상속인이 아닌' 다른 사람 또는 '어느 한 상속인'에게 모두 주겠다고 했을 때, 나머지 상속인들은 상당한 기대를 하고 있었으나 한 푼도 받지 못하는 상황이 생길 수 있다. 이때 망인의 행위는 나머지 상속인들에게 너무 가혹하므로, 그 상속인들은 최소한 본인들의 법정상속분 중 2분의 1(또는 3분의 1) 이상의 재산을 받을 수 있는 권리가 있다. 이를 유류분이라고 한다. 상속 이해관계인 중 유류분 권리를 가지는 자는 망인의 직계비속·배우자·직계존속·형제자매다. 대습상속인[1]도 유류분 권리자에 포함되며, 태아 역시 상속에 관하여 이미 출생한 것으로 여기므로 유류분에 대한 권리를 갖는다.

유류분권리자의 유류분

유류분 권리자	유류분 비율
망인의 직계비속	법정상속분의 2분의 1
망인의 배우자	법정상속분의 2분의 1
망인의 직계존속	법정상속분의 3분의 1
망인의 형제자매	법정상속분의 3분의 1

---

1) 추정상속인(상속인이 되리라 예상되는 자)이 상속개시 전에 사망하여 상속권을 상실한 경우에 그의 직계비속이나 배우자가 그를 대신하여 상속인이 되는 것을 말한다. 예를 들어 할아버지가 돌아가셨을 때 아버지가 먼저 사망한 상태라면 어머니와 그 자식들이 대습상속인이 된다.

◆ 유류분 금액의 평가시점은?

유류분 금액을 계산하는 때 상속재산 및 증여재산 가액의 평가는 망인의 사망일 현재 당시의 가액으로 평가하게 된다. 특히 증여재산이라면 '증여 당시의 가액으로 평가하지 않는다'는 것에 유의하여야 한다. 예를 들어 유일한 재산인 아파트를 아들, 딸 중 아들에게 증여(당시 시세 5억 원) 후 3년이 지나 아버님이 돌아가셨다면(돌아가실 당시 아파트 시세 8억 원), 딸은 3년 전 시세 5억 원이 아닌 상속 당시 시세 8억 원에 대하여 유류분을 청구할 수 있다.

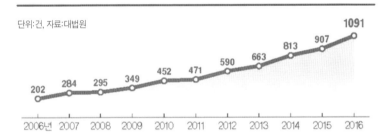

10년 새 5배로 늘어난 유류분 소송

단위:건, 자료:대법원

2006년	2007	2008	2009	2010	2011	2012	2013	2014	2015	2016
202	284	295	349	452	471	590	663	813	907	1091

◆ 유류분 주장은 어떻게 하는 걸까?

유류분 권리자는 자신이 상속받은 재산이 유류분에 미치지 못할 때 유언에 의하여 상속받은 자 또는 증여받은 자에게 유류분 반환청구권을 행사할 수 있다. 그러나 이러한 반환청구권을 반드시 행사하여야 하는 것은 아니므로, 그 행사 여부는 유류분 권리자가 자유롭게 결정할 수 있다. 유류분 반환청구권의 행사는 재판상 또는 재판 외의 방법으로 상대방에 대한 의사표시로 할 수 있으며, 이러한 청구는 망인의 유언에 의한 상속이거나 생전 증여에 의할 때 그 사실을 안 때로부터 1년 이내에 하여야 한다. 설령 이를 몰랐다고 하더라도 사망일 현재로부터 10년 이내에 청구하지 않으면 반환을 요구할 수 없다. 유류분 권리자가 여러 명이라면 각자가 가지는 반환 청구권은 각각 별개의 독립된 것으로써 각자가 따로 행사하여야 하고, 1인이 행사하더라도 다른 자에게 영향을 미치지는 않는다.

08

재산형성에 기여한만큼 더 받는다 기여분 제도

상속인으로 아들, 딸이 있으며 이중 딸은 망인에 대한 재산 유지 및 증가분 5억 원을 인정받은 기여 상속인이다. 총재산 15억 원에서 기여분을 차감한 후 망인의 상속재산은 10억 원일 때 각 상속인의 상속금액은?

> - **딸** : 기여분 5억 원 + 10억 원 × 2분의 1=10억 원
>
> - **아들** : 10억 원 × 2분의 1= 5억 원

✚ 상속인만이 기여분을 주장할 수 있다

상속인 중 상당한 기간 망인을 특별히 부양하거나 망인의 재산 유지 또는 증가에 특별히 기여한 자가 있을 때는 상속분 계산에서 그러한 특별부양·기여분을 가산하여 주는 것을 기여분 제도라고 한다.

기여분을 받을 수 있는 자는 상속재산의 분할에 참여하는 공동상속

인에 한정하므로, 상속포기자·상속결격자·사실혼의 배우자는 기여분 권리자가 될 수 없다. 이처럼 상속재산에 대한 기여분은 기여자가 상속인인 경우에만 인정하므로, 상속인이 아니라면 기여분을 주장할 수 없다.

◆ 특별부양과 재산상의 특별기여만을 인정한다

기여분 제도상 고려되는 기여로는 특별부양과 재산상의 특별기여 2가지가 있다. 특별부양이란 상당한 기간 동거·간호 기타의 방법으로 망인을 특별히 부양한 상황을 말하며, 재산상의 특별기여란 망인이 경영하는 사업에 노무를 제공하거나(배우자는 부부로서 동거, 부양, 협조의무가 있으므로 배우자의 가사노동은 특별한 기여가 아님) 재산을 제공하는 등 망인의 재산을 유지 또는 증가시킨 때를 말한다. 결국 특별부양 또는 특별기여란 부양 또는 기여가 일반적으로 기대되는 공헌의 정도를 넘는 것이어서, 이를 무시하고 본래의 상속분에 따라 분할한다면 오히려 불공평하게 되는 정도의 기여를 의미한다. 한편 특별부양이 있다면 그 부양으로 망인 재산의 유지나 증가에 기여가 있을 필요까지는 없으나 재산상의 특별기여는 상속인의 기여 행위와 상속재산의 유지, 증가 사이에 상당한 정도의 인과관계가 있어야 한다.

◆ 기여분은 어떻게 결정하는가?

기여분은 일차적으로 모든 공동상속인 간의 협의에 의하여 정하고 협의가 되지 않거나 협의할 수 없는 때에는 기여자의 청구에 의하여 가정법원이 심판으로 결정한다. 이렇게 결정된 기여분은 양도할 수 있고 상속도 가능하다. 한편 기여분은 일종의 재산권이므로 기여분이 결정되기 전일지라도 양도·상속이 모두 인정된다.

◆ 기여분은 유류분에 우선한다

　기여분은 상속인들 중 한사람이 상속재산의 형성·유지에 특별히 기여한 공로가 있을 때 그 부분을 인정해 주는 제도다. 따라서 기여분이 아무리 많아도(예컨대 협의나 심판으로 상속재산 총액 중 70~80%를 차지하는 것으로 결정되더라도), 이는 기여자에게 돌아갈 그의 고유재산이므로 이로 인하여 다른 상속인의 유류분 금액이 축소되더라도 유류분의 침해가 될 수 없다. 따라서 기여분은 유류분에 항상 우선하여 인정되고 유류분반환청구의 대상도 되지 않는다.

09

상속인이 되었을 자가 사망했다면?
대습상속

철수의 할아버지는 며칠 전에 할머니를 남겨두시고 작고하셨다. 슬하에 아들(철수의 아버지)과 딸(철수의 고모)을 두셨으나, 철수의 아버지는 할아버지가 돌아가시기 1년 전에 불의의 사고로 사망하였다. 이럴 때 철수는 할아버지의 재산을 상속받을 수 있을까?

대습상속인

철수의 아버지는 살아있었다면 상속인이 되었을 자이나 할아버지보다 먼저 사망하였으므로 그의 직계비속인 철수가 대습상속인이 되어 할아버지의 재산을 상속받을 수 있다.

◆ 대습상속이란?

대습상속이란 망인이 사망하기 전에 상속인이 될 사람이 이미 고인이 되었거나 상속결격자(상속 자격을 박탈당한 자)가 되었다면 상속인이 될 사람을 대신하여 그의 자녀들과 배우자가 상속하는 것을 말한다. 만약 망인(앞선 예의 할아버지)보다 먼저 사망한 상속인(앞선 예의 아버지)의 자녀나 배우자를 할아버지 재산의 상속에서 제외한다면 너무 불공평하고 가혹한 일이 아닐 수 없다. 따라서 공평을 실현하고 나아가 망인보다 먼저 사망한 상속인(아버지) 가족의 생활 보장을 확보하기 위한 것이 대습상속 제도다.

◆ 대습상속권이 있는 자는 누구인가?

만일 살아 있었다면 상속인이 되었을 자의 직계비속(자녀들)이나 배우자에게는 대습상속권이 인정된다. 따라서 상속인이 되었을 자의 직계존속이나 형제자매에게는 대습상속권이 인정되지 않는다. 한편 대습상속을 받을 수 있는 배우자는 법률상의 혼인한 자이여야 하며, 상속인이 되었을 자가 사망한 후 재혼한 자는 인척 관계가 소멸하므로 대습상속권이 인정되지 않는다.

◆ 대습상속인은 결격사유가 없어야 한다

대습상속인이 상속결격자에 해당할 때 대습상속권을 갖지 못한다. 여기서 상속결격자란 다음에 해당하는 사람을 말한다.

1 고의로 직계존속 등 또는 상속의 선순위나 동순위에 있는 자를 살해하거나 살해

  하려 한 자

2 고의로 직계존속 등에게 상해를 가하여 사망에 이르게 한 자

3 사기 또는 협박에 의하여 상속에 관한 유언이나 유언철회를 방해한 자

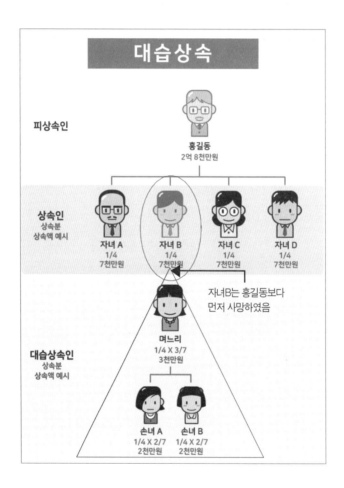

PART 2

4 사기 또는 협박에 의하여 상속에 관한 유언을 하게 한 자

5 상속에 관한 유언장을 위조 · 변조 · 파기 또는 그 유언장을 숨긴 자

✚ 대습상속인의 상속비율은?

대습상속인의 상속분은 이미 사망한 자의 상속분과 같다. 다시 말해 앞의 예처럼, 할아버지보다 먼저 아버지가 사망하지 않고 정상적으로 상속하였더라면 받았을 상속분을 대신 받는 것이다. 따라서 대습상속인이 여러 명일 때 아버지가 상속받았을 상속재산을 각 대습상속인이 자신의 법정상속비율로 상속받는다. 이 때에도 배우자는 다른 상속인의 균등비율에 5할을 가산한다.

예를 들어, 배우자와 자녀 1명이 있는 자로서 상속인이 되었어야 할 사람이 이미 고인이 되었을 때, 그 고인의 상속분에 대하여 그 배우자는 1.5/2.5의 비율로 자녀는 1/2.5의 비율로 상속하게 된다. 한편 대습상속인의 직계비속이 없다면 배우자 단독으로 대습상속인이 된다.

INHERITANCE TAX

미리 준비하는 상속,
분쟁을 피하는 유언

01

재산 분쟁은 피할 수 없는가?
미리 준비하는 상속

망인이 죽기 전에 '내가 죽은 후에 어떻게 해야 할지는 너희들이 사이좋게 해결토록 해라'라며 '다만 장남은 집안을 위해 고생을 많이 했으니 조금 더 가져가고 차남은 박사학위까지 따도록 지원했으니 조금 덜 가지도록 해라'라고 했다면 과연 원만한 상속이 이루어질 수 있을까?

박사 차남   장남

◆ 죽기 전에 준비해야 할 것들

망인이 죽기 전에 앞의 내용처럼 유언했다면 과연 원만한 상속이 이루어질 수 있을까? 상속은 미리 준비해서 자기 의사를 남겨두는 것이 가장 중요하다. 서류 등으로 구체적으로 하지 않고 재산분배의 기준을 애매모호하게 정해주면 각기 다른 계산법으로 다툴 가능성이 크다. 이와는 반대로 돌아가신 분의 의사가 분명하여 그 의사가 상속인들에게 제대로 전달된 때에는 대부분 원만한 상속이 이루어진다. 따라서 상속을 계획하는 부모 세대는 상속을 앞두고 자신들의 의사를 분명하게 남겨두는 것이 무엇보다 중요하다.

결국 재산을 남길 사람이라면 '내 재산이 얼마이고 이렇게 저렇게 분배할 터이니 내 뜻을 이해하고 받아주면 좋겠다'는 의사를 명확하게 해두는 것이 무엇보다 중요하며, 이것이 남겨진 가족에 대한 마지막 사랑이자 현명한 부모로 끝까지 기억될 수 있는 방법이라는 것을 명심해야 한다.

◆ 재산만 남겨주면 의미가 없지!

재산을 남기는 데 있어 정신적인 부분도 배려해야 한다. 재산을 일구고 지켜나갈 수 있었던 것은 고인이 평소 검소하고 성실하게 살아왔기 때문이다. 쉽게 말해, 재산을 남기고 돌아가신 분의 뜻까지 자녀들이 깨닫게 할 필요가 있다. 부모가 그 재산을 형성하기까지 겪은 온갖 고초와 노력을 잘 담아내어 이를 고이 자녀들에게 전달하는 별도의 노력이 필요하다. 결코 하루아침이 아니라 부모의 땀과 노력으로 결실을 본 소중한 재산이라는 인식을 심어주어야 한다. 그래야 자녀들은 부모가 일평생 일구어 놓은 재산을 낭비하지 않고 귀하게 쓸 수 있는 것이며, 자녀들이 남은 삶을 살아가는데 중요한 밑거름이 될 수 있지 않겠는가.

02

다툼 없는 행복한 상속의 비밀은?
유언장의 역할

유언장이 있고 내용에 큰 하자가 없으면 유언장에 따라 상속이 이루어진다. 그러나 유언장이 없다면 상속인 간 협의에 의하여 상속재산을 분할할 수 있으며, 협의가 이루어지지 않으면 비로소 민법에서 정한 법정상속 비율대로 상속이 이루어진다. 이처럼 법대로 재산을 나누면 될 텐데 소송은 도대체 왜 할까?

✦ 행복한 상속을 위한 첫걸음, 유언

행복한 상속을 위해 미리 준비할 것이 있다면 무엇일까? 바로 유언장이다. 생전에 유언장을 작성하여 상속인의 재산분배 방법을 자세하고 명확하게 지정해 놓는 것이다. 유언장의 내용은 구체적일수록 좋다. 상세하게 기재한 유언장은 분쟁을 사라지게 하고 남은 자들에게 고인의 뜻을 어렵지 않게 파악할 수 있게 한다. 아쉬운 자도 있을 것이고 고마운 자도 있을 것이다. 그러나 대부분 고인의 뜻을 순수히 받아들이는 것이 일반적이다. 유언장에는 단순히 재산의 분할내용만 나타낼 필요는 없다. 감사의 마음을 적을 수도 있으며, 남은 가족들에게 위로와 살아갈 용기를 주는 내용은 그윽한 고인의 향기로 다가오게 된다. 남기는 자가 소중히 여기는 철학을 담아낼 수 있다면 더욱 좋을 것이다.

✦ 가족 간 협의하여 작성된 유언장은 금상첨화

자녀들의 입장과 생각도 들어보지 않은 채 부모 세대 혼자 상속을 준비하는 것은 성공을 보장할 수 없다. 유언장 작성은 분명 부모가 중심이 되어야 하지만, 가족 간에 협의 없이 작성되었다면 오히려 불화의 원인이 될 수 있다. 부모의 일방적인 결정은 효과적이지도 않고 자녀들을 화합시키지도 못한다. 훌륭한 유언장 작성은 가족 간 정보공유와 의견조율로 시작한다. 상속에 관한 결정을 내리는 과정에 가족전체가 참여하는 것이다. 분명 어렵고 시간이 많이 소요되는 일이다.

더불어 그 합의도 간단하게 이루어내기가 쉽지 않다. 그러나 언제라도 일어날 일이라면 피하지 말고 과감하게 공론화하여 이해와 공감을 끌어내야 한다. 그래야 비로소 평화로운 상속이 이루어질 수 있다.

✚ 유언장의 위대한 역할

유언장은 다음과 같은 역할을 훌륭히 수행해 낼 수 있다. 우선 유언장은 상속에 관한 사항을 정할 수 있게 한다. 유언으로 재산을 누가 상속받을지 정하거나 상속재산을 분할하는 방법을 정하여 타인에게 위탁할 수 있으며, 상속재산분할을 최대 5년 동안 금지하게 할 수도 있고 상속과 관련하여 신분에 관한 사항을 정할 수 있다. 가족관계등록부에 올리지 못한 친자를 유언에 의하여 자녀로 인지할 수 있게 한다. 아울러 상속재산처분에 관한 사항을 정할 수 있다. 다시 말해 유언으로 법정상속인뿐만 아니라 제삼자(기부단체 포함)인 타인에게 상속재산의 전부 또는 일부를 분배할 수 있다. 이를 유언에 의한 증여라 하며 줄임말로 '유증'이라고 한다. 상속받을 권리가 있음에도 상속인에서 제외되었거나 돌아가신 분으로부터 생전에 증여받은 재산이 상속인 간 불분명하거나 서로 명백하게 밝히지 않거나, 자신의 몫이 생각보다 적다고 여기는 상황 등이 소송의 주요 원인이다. 유언은 이와 같은 분쟁을 원천적으로 해결할 수 있는 열쇠다.

유언장을 미리 나 혼자서
작성할 수 없을까?
자필증서에 의한 유언장 만들기

　자필증서에 의한 유언장은 혼자서도 작성할 수 있고 비용도 들지 않으며, 장소 여하를 묻지 않고 비교적 간단하게 작성할 수 있다는 점에서 편리하다. 유언의 내용뿐만 아니라 유언장의 존재도 비밀로 할 수 있다는 장점이 있다.

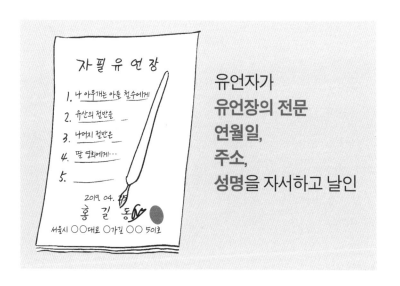

유언자가
유언장의 전문
연월일,
주소,
성명을 자서하고 날인

자필증서에 의한 유언이란 유언자가 자필로 유언장을 작성하여 유언하는 방식이다. 자필증서에 의한 유언의 절차는 '유언자가 유언의 내용, 연월일, 유언자의 주소와 이름을 스스로 쓰고 날인(손도장 포함)하는 것'으로 이루어져 있다. 이 중 단 한 가지라도 빠져서는 안 된다. 만약 이 중 어느 한 가지라도 빠지면 유언의 효력은 상실한다. 자필증서에 의한 유언은 증인이 필요 없다.

자필증서에 의한 유언은 말 그대로 '반드시 자필로 작성해야 한다'는 점에 주의해야 한다. 다른 이에게 대필代筆을 부탁해서는 안 되며, 본인이 작성하였더라도 타자기나 컴퓨터 또는 점자기를 사용한 유언은 자필증서로 인정되지 않으므로 어렵사리 작성한 유언이 무효가 되지 않도록 주의한다. 한편 자필증서 작성 중 문자를 삽입하거나 삭제, 변경할 때는 그 부분에 날인하여야 유효한 유언내용으로 인정된다.

그러나 유언을 하고자 하는 자가 법을 잘 이해하지 못했을 때, 법적으로 이행할 수 없는 사유 등으로 유언의 효력이 없게 될 수도 있다. 또한 내용의 불명확성 때문에 그 효력에 대해서 다툼이 일어날 위험이 있으며, 자필증서에 의한 유언장은 분실·은닉·위조·변조될 우려도 있다.

유언장의 역할과 구체적인 작성 방법
https://blog.naver.com/sangsokse0/222622036947

04

보다 강력하고 확실한 유언장은 없을까? 공정증서에 의한 유언장 만들기

공정증서에 의한 유언은 공증인이 관여하게 되므로 형식을 갖추지 않아 무효가 되는 문제가 발생하지 않는다. 유언의 효력이 부인될 염려도 없으며, 공증인이 보관하므로 유언장의 분실·은닉·위조·변조될 일도 없는 점이 좋다. 또한 다른 유언방식과 달리 망인의 상속개시 후

에도 법원의 검인 절차 없이 즉시 유언을 집행할 수 있는 장점이 있다.

공정증서에 의한 유언이란 유언자가 공증인 앞에서 유언하는 것을 말한다. 다시 말해 유언자가 공증인 앞에서 유언의 취지를 말로 하면 (말로 하는 대신 유언 내용을 미리 준비한 문서로 제출하여 공증인이 낭독하게 하는 방법으로 할 수 있으며, 일반적으로 이 방법이 많이 이용된다) 공증인이 공정증서(유언장)를 작성하고 해당 내용을 유언자와 2명 이상의 증인 앞에서 낭독하면, 유언자와 증인은 해당 공정증서에 서명 또는 기명날인하고 공증인이 이를 보관한다. 이러한 절차를 하나라도 누락하면 유언의 효력은 상실한다. 이처럼 공정증서에 의한 유언은 그 방식이 매우 엄격하고 다소의 비용이 드는 단점이 있다.

그 밖에도 효력이 있는 유언의 방법에는 녹음기에 녹음함으로써 유언하는 방식, 유언장이 밀봉된 비밀증서에 의한 방식, 유언자가 구수 (언어로 진술하는 것을 말함)로 유언하는 방식이 있다.

05

앗, 유언장에도
세금 문제가 있을 줄이야
유언장 작성 시 고려해야 할 절세

가족 간의 화목한 상속이 이루어지도록 유언장을 작성하는 것은 무엇보다 중요하며, 이에 못지않게 상속세 절세를 고려한 유언장 작성 역시 중요하다. 상속세 계산 시 상당한 정도의 배우자상속공제를 인정해주고 있는데, 그 공제의 전제조건은 실제로 그 금액 이상을 배우

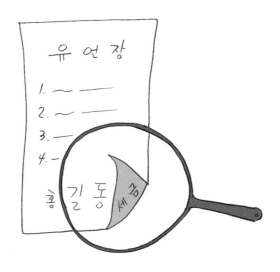

자에게 상속재산으로 배분해야 한다. 예를 들어, 어느 상속의 경우 배우자상속공제가 9억 원까지 가능한데(배우자상속공제는 해당 상속마다 다름) 그만 유언장의 내용이 배우자에게 6억 원만을 배분하도록 작성되어, 부득이 배우자상속공제 3억 원을 공제받지 못할 수도 있다. 만약 유언장 작성 당시 전체 상속재산에 대한 배우자상속공제를 미리 계산해서 배우자에게 9억 원 이상의 재산이 배분되도록 유언장을 작성하였다면, 세율이 적용되는 상속일 때 약 1억5천만 원 정도를 절세할 수 있게 된다.

반대로, 배우자에게 너무 많은 재산을 상속받도록 유언한다면 나중에 배우자의 사망으로 또다시 큰 금액의 상속세를 부담하는 문제가 발생할 수도 있다. 이때에는 배우자상속공제 한도만큼만 배우자에게 재산을 배분하고 그 이상의 금액은 배분하지 않도록 유언장을 작성하는 것이 나중에 배우자의 사망 이후의 상속세를 줄이는 방법이다. 이처럼 절세를 고려하여 유언장을 작성한다면 사랑하는 가족에게 실질적으로 더 많은 유산을 남길 수 있다.

06

상속인만 재산을 받을 수 있는가?
유언으로 상속인 외의 자에게
재산 주는 법

전국에 프랜차이즈를 여럿 가지고 있는 한 요식업체 대주주인 김 사장은 자녀들이 이미 해당 업체의 주주이며 각각 매장도 직접 운영하고 있고, 재산도 상당한 상태여서 자신이 보유한 주식을 차라리 자녀들이 아닌 손자·손녀에게 상속하고 싶어 하는데…

손자·손녀

유언장이 없는 상속일 때 상속인의 순위는 민법에 의하여 돌아가신 분의 배우자와 직계비속(자기로부터 직계로 이어져 내려간 혈족)만이 제1순위 상속인이 된다. 이때 직계비속은 촌수가 가장 가까운 직계비속에 한정된다.

예를 들어 할아버지가 돌아가셨을 때 할머니와 외아들인 아버지가 공동상속인이 되며, 손자·손녀는 상속인이 될 수 없다. 다만 아버지가 먼저 사망했을 때는 그 사망한 아버지의 자녀, 즉 손자·손녀가 사망한 아버지의 지위를 대신해서 상속받을 권리가 생기는 특수한 상황이 있을 수 있는데, 이를 '대습상속'이라 한다. 이와 같은 대습상속을 제외하고 돌아가신 분의 손자·손녀는 상속인 자격이 없으므로 할아버지의 재산을 상속받을 권리가 없다. 할아버지가 손자·손녀에게 상속재산을 물려주기 위해서는 반드시 유언에 의할 수밖에 없음을 주의하여야 한다. 한편 대습상속이 아닌 상황에서 유언에 의하지 않고 굳이 손자·손녀에게 재산을 넘겨준다면 이는 상속인이 우선 재산을 상속받은 후 손자·손녀에게 재산을 증여한 것으로 보아 상속세와 증여세가 각각 부과된다는 것에 유의하여야 한다.

무자식에 혈혈단신 먼 친척의 상속인만 있는 경우

지방대에 재직 중인 이 교수는 평생 홀로 살아온 사람이다. 책을 배우자 삼아 학문연구를 숙명으로 생각하고 살아왔다. 연구에만 몰두한 나머지 일궈놓은 재산이 상당하지만 이를 상속받을 자녀가 없어 자신의 사후에 재산을 어떻게 처리해야 할지 고민이 크다. 게다가 이 교수

는 몇 년 전에 어머님을 마지막으로 부모님 두 분을 모두 여의었고 형제·자매 하나 없는 혈혈단신이다. 단지 친척이라곤 왕래 없이 지내온 4촌 동생 한 명만이 있다. 이 교수의 마음은 최근 들어 오랜 기간 동안 자신이 보살펴온 보육원의 동갑내기 쌍둥이 철수와 철민이에게 재산을 남겨주고 싶다.

이 교수처럼 자녀가 없는 독신일 때, 상속재산을 물려줄 배우자나 자녀가 없으므로 민법상 상속인의 순위에 따라 상속인이 결정된다. 망인에게 배우자나 자녀가 없다면 그의 부모가 상속인이 되며, 부모가 생존해 계시지 않는다면 망인의 형제자매가, 만약 형제나 자매마저 없다면 망인의 4촌들이 공동상속인이 된다.

상속재산은 금전적인 가치를 떠나 망인의 인생을 대변하는 산물이다. 이러한 상속재산을 의미 있는 곳에 사용하고 싶은 욕망은 누구에게나 있을 것이다. 더군다나 자녀가 없는 독신이라면 그 바람은 더욱 클 것이다. 단순히 법정상속인의 자격이 있다고 해서 별 의미 없이 왕래도 없는 4촌에게 자신이 평생 일궈온 재산을 남겨주기도 싫다. 이때 독신인 상속인은 유언장을 작성하여 보육원의 철수와 철민이가 잘 성장할 수 있도록 유산을 남겨줄 수도 있으며, 사회단체에 기부하거나 재단을 설립하여 자기 뜻에 맞도록 상속재산을 더욱 의미 있게 사용할 수도 있다.

08

한번 작성한 유언장은 더 이상 볼 필요가 없다? 유언장을 새로 작성해야 할 때

　김 씨는 올해 초 만약을 대비한 유언장을 작성하였다. 동일한 토지 위에 있는 원룸 2동 중 A동은 큰아들에게, B동은 작은아들에게 각각 상속하겠다는 내용의 유언장이다. 그런데 비록 같은 토지 위에 있는 원룸이지만 A동은 20년도 더 된 것인 데 반하여, B동은 최근에 신축한 원룸이었다.

　김 씨는 형제간 재산 다툼을 없애고자 A동을 허물고 새로 신축하여 B동처럼 신축 원룸으로 만들어 큰아들에게 주고 싶었다. 그리하여 은행 돈 5억 원을 빌려 A동 신축공사를 끝냈으며, 은행 대출은 자신이 죽기 전에 갚을 수 있다고 생각하여 재산변동에 따른 새로운 유언장을 작성하지 않았다. 그러나 예상과 달리 김 씨는 채무를 변제하지 못하고 세상을 떴다.

　김 씨의 상속은 유언장이 있어서 순조롭게 진행될 줄 알았으나 은행으로부터 차입한 담보대출의 상환 문제를 놓고 큰아들과 작은아들의 다툼이 있었고 결국 변호사를 선임하게 되었다. 그런데 작은아들의 변호사는 뜻밖의 얘기를 꺼내놓는다.

　유언장에 언급하고 있는 A동 건물은 이미 허물어진 상태이고, 신축한 건물은 유언장에서 언급한 동일한 재산이 아니므로 큰아들이 A동 건물을 상속할 수 없다는 것이었다. 유언장에 없는 상속 재산은 상속인 전원에게 권리가 있기 때문에 각자의 법정상속분대로 받을 수 있으며, 유언장에 언급이 없는 채무 역시 공동으로 부담한다는 이야기였다. 이러한 내용을 알고 있는 동생은 형이 대출 전액을 부담한다면 A동 원룸의 토지 지분을 포기하겠다는 의사를 제안했으며, 결국 형은 어쩔 수 없이 채무를 모두 본인이 떠안는 조건으로 A동 원룸을 온전히 상속받을 수 있었다.

　유언장은 평생 한 번만 작성해야 한다고 오해하는 사람들이 많다. 유언장을 만들어 놓았으니 유언대로 상속재산이 상속인들에게 분배될 것이라고 생각할 수 있으나, 그렇지 않을 수도 있다. 상속재산에 대한 중요한 변동이 있을 때는 유언장을 새로 작성하여야 한다. 따라서 재산 상황이 변해도 적용될 수 있는 유언장을 만드는 것이 좋다. 경우의 수에 따라 발생할 수 있는 상황을 예상하여 상황별로 기술하는 유언장을 작성하거나, 구체적 재산이 아닌 지분비율 대로 나누어 가지도록 유언할 수도 있다.

09

반드시 유류분을 고려하라
피는 물보다 진하다

박 씨는 한 번의 결혼 실패 후 재혼하였다. 이혼 당시 박 씨는 모든 재산과 자녀 양육권을 전 부인에게 주었으며, 그 이후로 전 부인과 아들을 만날 기회는 없었다. 박 씨는 그로부터 3년 뒤 지금의 부인을 만나 재혼하고 아들과 딸을 낳았다. 결혼 당시 형편이 매우 어려웠지만 부인과 함께 잠자는 시간까지 줄여가면서 청과물 도매를 시작으로 악착같이 돈을 모았다.

그렇게 시간은 점차 흘러 칠순을 맞이한 박 씨는 고민이 하나 있었다. 이혼으로 생면부지가 된 자식도 자기 상속재산을 받을 권리가 있다는 것을 우연히 들었기 때문이다. 박 씨에게 헤어진 아들은 그 후로 본 적도 없어 사실상 남과 다를 바가 없었다. 이런 이유로 박 씨는 현재의 부인과 아들·딸만이 자기 재산을 모두 상속받을 수 있도록 유언장을 작성하였다. 그리고 얼마 지나지 않아 곧 세상을 떠났다. 그러나 박 씨의 예상과 달리 박 씨의 사망 소식을 듣고 갑자기 나타난 전처의 아들은 유언장의 상속인을 상대로 유류분 반환을 제기하였다.

박 씨의 의도와는 달리 박 씨의 부인과 자녀들은 소송에 휘말리게 되었고, 변호사 비용 등 소송 비용을 지불하고 정신적인 고통까지 안게 되었다. 이에 반하여 전처의 아들은 소송을 통하여 유류분에 해당하는 만큼의 재산을 상속받게 되었다.

상속인이라면 적어도 법정상속분의 2분의 1에 해당하는 만큼의 상속재산을 받을 수 있는데 이를 유류분이라고 한다. 이러한 유류분 규정은 유언에 앞서 우선 적용된다. 따라서 유언장에 의하여 상속인에게 상속재산을 분할하고자 할 때는 항상 유류분을 염두에 두어야 한다. 위의 사례처럼 전처의 아들에게 재산을 전혀 배분하지 않을 수는 없다. 단, 전처의 아들에게 다른 상속인보다 상속재산을 적게 나누어 주고 싶을 때는 전처의 아들이 유류분 반환청구의 소를 제기하여도 경제적 이득이 없는 정도의 재산을 배분하는 것으로 만족해야 한다. 따라서 상속인 자격이 있는 자에게 무작정 상속을 배제하거나 유류분에 해당하는 금액보다 적게 배분한다면, 공동상속인은 소송에 휘말릴 수 있으며 상당한 비용과 정신적 고통에 시달릴 수도 있다.

10

유언장을 위조해서 재산을 모두 챙긴다면? 유언장을 마음대로 고치면 상속재산을 한 푼도 받을 수 없다

안 씨는 초등학교 교사로서 30여 년 동안 열정을 쏟았던 교편을 놓고 허전함을 달래기 위해 재능기부를 열심히 하였고 남은 시간에는 자원봉사 활동에도 적극적으로 참여하고 있다. 비록 은퇴했지만 아직 정정하다는 걸 증명이라도 하듯 죽기 직전까지 보육원, 장애인재활원 등을 부지런히 돌아다니며 자신의 손길을 원하는 곳이라면 어디든 달려가는 사람이었다.

이런 안 씨에게 세 아들이 있었다. 둘째와 셋째는 안 씨를 따라 교사가 되어 안정적인 삶을 살았지만, 다른 형제들과 달리 첫째는 사업을 한답시고 아버지의 재산을 탕진하기 일쑤여서 유독 안 씨는 첫째 아들과 사이가 좋지 않았다. 그러던 중 안 씨는 세상을 떠났고 자식들이 그의 유품을 정리하다 우연히 유언장을 발견하였는데, 내용인즉 안 씨의 전 재산을 첫째에게 모두 상속한다는 것이었다. 둘째와 셋째는 도무지 이해되지 않았다. 평소 아버지는 자신의 전 재산을 장애인재활원에 모두 기부하겠다고 말씀하셨고, 실제 유언장 역시 그런 내용으로 작성되어 있다고 말씀하셨기 때문이다. 이런 이유로 둘째와 셋째는 그 유언장을 법원에 검인을 신청하였는데, 아나나 다를까 그 유언장은 첫째에 의하여 위조된 것으로 판명났다.

민법은 유언장을 위조·변조·파기 또는 은닉한 자는 상속인이 되지 못한다고 규정한다. 다시 말해 유언장이 없음에도 불구하고 상속인이 거짓 유언장을 만든 행위, 상속인이 유언장을 자신에게 유리하게 변경하는 행위, 상속인이 유언장을 숨기거나 훼손시키는 행위로 유언장에 따라 유언을 집행하는 데 방해하는 상속인은 상속재산을 받을 수 없게 하고 있다. 민법은 망인의 재산처분 자유를 존중하기 위하여 유언장을 엄격히 보존하도록 한다. 따라서 어떠한 상황이라도 상속인은 이미 작성된 유언장에 직접적으로 영향을 끼쳐서는 안 된다.

11

효자, 효녀에게 더 많이 남겨주자 부모의 봉양 기간을 고려하여 기여분을 정하기

신 씨 부부는 슬하에 네 자녀를 두었다. 굳이 너무 오래 살고 싶지는 않지만 남은 자가 누가 되든 사는 동안은 양로원보다는 자녀들과 여생을 보내길 바랄 뿐이었다. 고민 끝에 부부 중 혼자 된 한 명의 봉양 기간을 고려하여 유언장의 기여분 내용을 다음과 같이 작성하였다.

"우리 부부는 함께 사는 동안은 너희들에게 부담되고 싶지 않아 시골에서 따로 산다만, 만약 둘 중 누가 혼자되면 나머지 한 명은 여생을 너희들 가족과 꼭 함께 보내고 싶구나. 대신 그 애쓰고 노력하는 마음에 대하여 유산을 조금 더 주고 싶구나. 그래서 우리 부부 중 한 명과 함께 사는 기간을 고려하여 다음과 같이 유산을 주고자 한다.

- 홀로된 부모 중 한 명을 모시는 자녀에게 5분의 1을 먼저 주고, 나머지 5분의 4는 네 자녀가 각각 5분의 1씩 나누도록 한다.
- 만약 홀로된 부모 중 한 명을 3년 이상 모시게 되면 그 자녀에게 6분의 2를 먼저 주고, 나머지 6분의 4는 네 자녀가 각각 6분의 1씩 나누도록 한다.

- 만약 홀로된 부모 중 한 명을 6년 이상 모시게 되면 그 자녀에게 3/7을 먼저 주고, 나머지 4/7는 네 자녀가 각각 1/7씩 나누도록 한다.
- 사정이 여의찮아 한 자녀가 홀로된 부모 중 한 명을 계속해서 모시지 못하는 상황이라면 3년 단위로 재산을 1씩을 더 배분해서 위와 같은 방식으로 나누도록 한다.

기여분은 상속인 중 상당한 기간 동거·간호, 그 밖의 방법으로 망인을 특별히 부양하거나 망인 재산의 유지 또는 증가에 특별히 기여한 자가 있을 때 상속분 계산에서 그러한 특별부양·기여분을 가산하여 주는 제도를 말한다. 그런데 기여분의 금액을 산정하기는 사실상 어려움이 많다. 따라서 위의 사례처럼 봉양하는 기간에 따라 기여분을 인정하여 홀로된 부모 중 한 명이 남은 기간 편안히 가족들에게 마음의 부담을 주지 않으면서 살 수 있도록 유언장을 작성하는 것도 좋은 방법일 것이다.

12

여러 자녀에게 똑같이 분할해줘야 하나? 상속인 각자에게 특정한 재산을 주고 싶을 때

중소기업체 사장인 박 씨는 자신이 일으켜 세운 중소기업을 자신이 죽은 뒤에도 후세대가 그 기업을 이어받는 것이 꿈이다. 그러나 박 씨의 자녀 중 장남만 회사 경영에 참여하고 있으며 차남과 장녀는 출가하여 공무원과 주부로 각자 살고 있다. 박 씨는 자신이 보유하고 있는 지분을 경영에 참여하는 장남에게 모두 주고 나머지 부동산과 예금을 차남과 장녀에게 주고자 한다.

그러나 차남과 장녀는 조금 다른 생각을 가지고 있다. 부동산과 예금이 주식보다 턱없이 가치가 적다고 보아 자신들에게도 상속재산을 똑같이 분할하여 받을 권리가 있으므로 재산뿐만 아니라 주식도 공평하게 나누고 싶어 한다. 그러나 박 씨는 자녀들의 주장대로 중소기업의 주식이 여러 자녀에게 분배되면 사업에 관심이 없는 자식은 분배된 주식을 언젠가는 매각할 것이므로 안정적으로 사업하기 곤란한 상황이 발생할 수 있으며, 심지어 소유주가 바뀌거나 더 나아가 기업의 존립이 위태로워질 수 있다는 생각에 박 씨의 시름은 깊어져 가고 있다.

유언장이 없는 상속은 공동상속인의 합의에 따라 재산을 분할하게 되며, 이것이 여의찮으면 법정 비율에 따라 나누게 된다. 따라서 유언이 없는 상속이 개시될 때, 재산분할로 인한 갈등과 다툼을 수반할 수 있으며, 특히 경영에 참여하는 상속인과 그렇지 않은 상속인은 가업 주식에 대한 주관적 가치가 다를 수 있다. 예를 들어 경영에 참여하는 상속인의 다급한 마음을 이용하여 경영에 참여하지 않는 다른 상속인이 주식을 포기하는 대가로 터무니없이 많은 재산을 요구하는 등 재산분쟁의 뇌관이 항시 존재한다. 이처럼 상속인 각자에게 특정한 재산을 나누어 주고 싶다면 유언장은 아주 효과적이면서도 적절한 수단이 될 수 있다.

13

정성 들인 만큼 받는다
노후에 자신을 보살펴 주는
자녀에게 재산을 주고 싶다면

윤 씨에게는 두 딸과 아들이 있으나 모두 출가하였다. 윤 씨는 공무원 생활 은퇴 후 부인과 함께 제2의 인생을 즐기던 중 어느 날 불의의 교통사고로 윤 씨의 부인이 돌연 세상을 등지게 되면서 홀로 남게 되었다. 평생의 동반자였던 부인의 사망으로 슬픔에 빠져있는 윤 씨는 끼니를 제때 챙기지 않아 식사를 거르기 일쑤였으며, 3일에 한 번 가사도우미 서비스를 이용하고 있으나 부인이 살아있을 때 만큼 집안이 청결할 수는 없었다.

이를 보다 못한 윤 씨의 둘째 딸이 아버님을 모시기로 하였으나, 윤 씨는 극구 사양하며 혼자 생활해도 괜찮다고 입버릇처럼 말하였다. 그러나 매번 찾아와 같이 살자는 둘째 딸과 사위의 지극정성에 마냥 거절하기도 미안했던 윤 씨는 마지못해 둘째 딸의 집에 들어갔다. 둘째 딸 내외와 손주들과 함께 가족의 울타리 속에서 윤 씨는 차츰 안정을 찾아갔다. 윤 씨의 고마움은 이루 말할 수 없었다. 효도를 돈으로 환산할 수 있는 것은 아니지만 자신을 돌봐주는 둘째 딸과 사위에게 특별히 고마움을 표현하고 싶다.

　우리말에 '내리사랑은 있어도 치사랑은 없다'고 했다. 윗사람이 아랫사람을 사랑하는 일은 자연스러운 일이지만 아랫사람이 윗사람을 사랑하기는 그만큼 어렵다는 의미다. 독일 속담에는 '한 아버지는 열 아들을 기를 수 있으나, 열 아들은 한 아버지를 봉양키 어렵다'라는 말이 있다. 부모를 모시려고 하는 자식들도 없거니와 설령 모신다고 해도 그만큼 봉양하기 어렵다는 뜻이다.

　이러한 시대에 노부모의 봉양은 칭찬받아 마땅하고 그 노고를 당연히 인정받아야 한다. 노부모도 여생을 자녀들과 보내는 것만큼 행복한 일이 또 있으랴. 자식 내외와 대화하고 손자의 어리광을 보는 즐거운 삶은 어떤 재산보다 값진 것이다. 노부모는 자신을 보살펴 주는 자녀에게 당연히 상속재산을 물려주고 싶을 것이다. 그렇다면 반드시 유언장을 작성하는 것이 좋다. 유언에 의하지 않는 상속은 부모를 봉양한 자녀가 기여분을 주장하지 않는 한 노부모를 봉양한 자녀와 그렇지 않은 자녀가 똑같이 재산을 분배받게 되는 형편에 놓이게 된다.

14

효도 계약과 유언장
약속이행을 조건으로
재산을 물려주는 상황

김 회장은 원룸 5동 및 상가 점포 12개를 임대하여 웬만한 중소기업 경영자 못지않은 소득을 올리고 있다. 빈손으로 시작하여 자수성가로 이루어낸 것이라서 더욱 자랑스럽다. 이러한 김 회장에게는 삼대독자 미혼인 아들이 하나 있다. 곧 40대에 들어설 나이지만 아직 방탕한 생활로 매달 용돈을 받아 쓰면서 변변한 직업 없이 유흥에 젖어 살고 있다. 씀씀이도 매우 커서 현금서비스나 대출 등으로 유흥비를 조달하기 일쑤다. 연체한 신용카드 빚과 대출금의 상환은 고스란히 김 사장에게 돌아온다. 요즘 부쩍 건강이 좋지 않은 김 사장은 이런 철부지 아들을 두고 편히 눈감을 수 있을지 모르겠다는 생각뿐이다.

유언장이 없는 상속은 법정상속인에 해당하는 배우자 및 직계비속에게 자산과 부채가 포괄 승계되며, 상속인들이 상속을 포기하지 않는 한 별도의 조건 없이 상속이 이뤄진다. 그러나 유언장을 작성하고 재산을 상속하는 조건으로 어떠한 행위를 요구할 수 있는데 이를 '부담부유증'이라 한다. 일종의 조건부 상속이라고 이해하면 된다. 예를 들어 직장을 갖고 일정기간 유지할 것, 대학에 진학하여 졸업할 것, 자녀가 자신의 빚을 다 갚을 것을 조건으로 상속재산을 받을 권리를 주는 것 등이 바로 상속조건이 될 수 있다. 게다가 조건부 상속을 내세워 구체적으로 상속재산을 배분할 수도 있다. 남겨진 부모를 봉양하는 자녀에게 소유 주택을 분배할 것을 조건으로 하는 방법, 자녀 스스로 번 소득에 비례하여 상속재산을 분배하는 방법 등도 고려해 볼만하다.

15

살아생전에 기부하자
공익사업에 기부하고 싶다면

김 씨는 재래시장 내에서 악명 높은 고리대금업자다. 시장 상인들을 상대로 소위 급전을 빌려주고 일수를 받는 것이 주된 일이다. 김 씨는 자신의 인생을 돌이켜보니 회한이 크다. 원금과 높은 이자를 회수하기 위해 수단과 방법을 가리지 않았으며, 그로 인해 사업은 번창해 갔지만 고리대금업자라는 오명과 함께 시장 내에서는 피도 눈물도 없는 냉혈한으로 통하고 있었다. 환갑에 이르러 자신의 인생을 돌이켜보니 어느 하나 선행이라고 했던 일이 도무지 생각이 나지 않는다.

부모의 생사조차 모르고 고아로 자랐던 어린 시절, 남보다 잘 살겠다는 일념 하나로 살아왔을 뿐 주위를 둘러 볼 여유가 도통 없었기 때문이다. 그래서 김 씨는 한평생 모은 재산의 절반을 자신이 자랐던 보육원에 기부할 생각이다. 이러한 자신의 의사를 외동딸에게 종종 말하였으나 딸의 반응은 시큰둥하기만 하다.

공익사업에 자기 재산을 기부하고 싶은 사람에게 권하고 싶은 것은 상속이 아닌 생전에 증여하는 것이다. 살아생전에 증여계약을 통하여

재산을 기부하는 것이 자신의 의지를 관철하는 가장 좋은 방법이기 때문이다. 그러나 생전에 증여가 아닌 상속으로 재산을 기부하고 싶다면 반드시 유언장을 작성해야 한다.

만약 유언장이 없다면 고인의 유지를 받들어 공익사업에 재산의 전부 또는 일부를 기부하기로 약속하였더라도 이는 법적인 구속력이 없다. 궁극적으로 상속인이 망인의 유언을 저버린 채 상속재산 전부를 상속인이 갖게 되더라도 적법한 상속이 되는 것이다. 결국 망인이 공익단체 등에 상속재산을 기부하고 싶을 때는 반드시 유언장을 작성해야 한다.

INHERITANCE TAX

PART

4

상속세
속속들이 파헤치기

01

사망보험금에도 상속세를 내라고? 상속재산을 먼저 빠짐없이 파악한다

김 씨의 남편은 매사에 긍정적이고 자상하며 직업정신이 투철한 소 방공무원이다. 그러나 어느 날 대형상가 화재진압 중 불의의 사고로 순직하기에 이른다. 김 씨의 남겨진 재산은 아파트 한 채와 약간의 금 융재산, 그리고 사망사고와 관련하여 사망위로금, 공제금, 보험금을 받게 되는데….

◆ 상속재산은 사망일 현재 재산적 가치가 있는 모든 재산이다

상속세를 제대로 계산하기 위해서는 무엇보다 중요한 것이 상속재산을 정확하게 파악하는 것이다. 상속재산은 망인이 돌아가신 날 현재 금전으로 환산할 수 있는 경제적 가치가 있는 모든 물건과 권리를 말한다. 눈에 보이는 재산뿐만 아니라 눈에는 보이지 않는 특허권 등과 같은 무형의 재산도 상속재산에 포함하고 있음에 주의하여야 한다.

상속세의 계산구조

상속재산	상속개시일 현재 피상속인(망자)의 모든 재산적 가치가 있는 재산
(-) 상속채무 등	상속개시일 현재 피상속인(망자)의 채무, 공과금, 장례비
(+) 사전증여재산	상속개시일로부터 10년(상속인 외의 자는 5년) 내 증여한 재산
= 상속세과세가액	상속세과세가액 - 상속채무 등 + 사전증여재산
(-) 상속공제	일괄공제, 배우자상속공제, 금융재산상속공제, 동거주택상속공제 등
= 과세표준	
× 세율	10~50% 5단계 초과누진세율
= 산출세액	
(-) 신고세액공제	상속세 신고 시 3%를 산출세액에서 공제함
= 상속세 납부세액	

* 자세한 내용은 'PART 4. 상속세 속속들이 파헤치기 〈상속세 총괄 흐름도〉' 참조

◈ 사망을 원인으로 받는 보험금·퇴직금·연금도 상속재산이다

세법은 망인 자신이 보험료를 납부한 것으로써 망인(피보험자)의 사망을 원인(보험사고)으로 지급되는 생명보험 또는 손해보험의 보험금을 상속재산에 포함한다. 이는 상속인에게 실질적으로 귀속되는 재산으로써 기타의 상속재산과 다르게 취급할 이유가 없기 때문이다. 사망 후 지급받는 퇴직금, 퇴직수당, 공로금, 연금(예·보험회사로부터 받는 종신연금) 또는 이와 유사한 것은 망인의 상속재산으로 본다. 이럴 때 상속인 등이 퇴직금·연금 등을 실제로 지급받았는지 여부와 무관하게 상속재산으로 본다. 그러나 국민연금, 공무원연금, 사학연금, 군인연금법에 의한 유족연금, 근로기준법 등에 의한 보상금 등은 상속재산으로 보지 않는다.

◈ 생전에 증여한 재산도 상속재산에 합산된다

망인의 사망일로부터 상속인이 10년 이내에 망인으로부터 증여받은 재산이 있다면 그 증여받은 재산을 상속재산에 가산하여 상속세를 계산한다. 상속세와 증여세는 재산 금액에 따라 10~50%의 세율까지 5단계로 구분하여 재산이 많을수록 더 높은 누진세율로 과세하고 있다. 이럴 때 고액 재산가들은 고율의 누진세율을 회피하고자 망인의 생전에 미리 재산을 증여하고자 할 것이다. 만약 생전의 증여재산을 상속 당시의 재산에 합산해서 과세하지 않는다면, 망인의 생전에 대부분의 재산을 증여하여 높은 상속세 누진세율을 회피하고자 할 것이기 때문이다.

◆ 증여 사실을 신고하지 않은 재산도 상속재산에 합산된다

앞에서 '증여재산도 상속재산에 합산된다'고 했다. 여기에서 증여재산에는 증여 사실을 신고한 재산은 물론 증여 사실을 신고하지 않은 재산도 포함한다. 상속세와 증여세는 정부 결정주의 세금이다. 쉽게 말해 납세자가 신고한 것을 100% 믿기보다는 신고내용을 기초로 세무조사를 한 후에 과세관청이 최종적인 세금을 결정하는 방식이다. 과세관청은 납세자를 항상 의심의 눈초리를 보고 있음을 명심해야 한다. 실무적으로 상속세 조사 시 상당한 세액이 증여재산의 미신고로 추징당하는 일이 다반사다.

02

재력가지만 빚도 산더미인데, 이럴 땐 어떻게 할까? 상속재산에서 무엇을 빼주는가?

중소기업의 대표인 김 사장은 불황을 이겨내기 위하여 새로운 사업을 시작하였다. 그러던 중 오랜기간 특허권 분쟁에 휘말려 사업이 취소되자 그만 심장마비로 사망하였다. 엎친데 덮친격으로 가족은 남겨진 재산보다 더 많은 빚이 있는 것 같아 전전긍긍하게 되는데….

◆ 망인의 채무는 상속재산에서 전액 차감한다

상속인이 망인으로부터 재산을 상속받았을 때 상속인에게 득이 되는 것만 상속받을 수는 없다. 상속인이 망인의 상속재산을 받으려면 반드시 망인의 상속채무도 함께 승계받아야 한다. 상속인은 망인으로부터 적극적인 재산(자산)과 소극적인 재산(부채)을 모두 포괄하여 승계하는 것이므로 망인의 채무는 상속재산에서 전액 차감한다. 만약 상속재산보다 상속채무가 많다면 상속인은 상속포기를 할 수도 있으며, 상속재산의 범위 내에서 상속채무를 승계하는 한정승인을 가정법원에 신청할 수도 있다.

상속재산에서 차감하는 채무는 망인의 사망일 현재 망인이 부담해야 할 의무가 있는 실제 존재하는 채무를 말한다. 예를 들어 은행 채무라든지 사망일 현재 상환해야 할 카드빚, 상속인이 대신 부담한 병원비(망인이 내야 할 것을 상속인이 대신 부담한 것이므로 상속채무에 해당함) 등을 들 수 있다. 이와 같은 상속채무는 상속인이 실제로 부담할 의무가 있는 채무로서 채무를 면제받았거나 반드시 갚아야 할 의무가 확정되지 않은 채무 등은 차감하지 않는다.

◆ 망인이 납부할 의무가 있는 공과금은 전액 차감한다

망인의 사망일 현재 망인이나 상속재산과 관련된 공과금은 상속재산가액에서 차감한다. 상속재산에서 차감하는 공과금은 사망일 현재 망인이 납부할 의무가 있는 것으로 상속인에게 승계된 세금·공공요금, 기타 이와 유사한 것을 말한다. 상속재산에서 차감하는 공과금은 전액 모두이며 그 한도는 없다.

◆ 장례비용이 5백만 원을 초과한다면 증빙이 반드시 있어야 한다

상속재산에서 차감하는 장례비용은 장례에 직접 소요된 금액과 봉안시설 또는 자연장지의 사용에 든 금액을 합하여 계산한다. 이때 장례에 직접 소요된 금액에는 시신의 발굴 및 안치에 직접 소요된 비용과 묘지 구입비, 비석, 상석 등을 말한다. 한편 장례 후 이루어지는 49재 등 천도재에 드는 비용은 장례비용으로 보지 않으므로 주의하여야 한다.

장례비용은 최소 5백만 원에서 최대 1천만 원까지 공제한다. 따라서 장례비용이 5백만 원에 미달하게 사용되었거나 그 증빙 명세가 5백만 원에 미달할 때도 상속재산에서 5백만 원을 차감한다.

한편 일반장례 비용과는 별도로 봉안시설·자연장지에 소요된 금액은 일반 장례비와는 별도로 5백만 원을 추가로 공제하며, 그 사용금액이 5백만 원을 초과할 때는 5백만 원을 한도로 한다.

어디까지를 상속재산으로 보는 거지?(상속재산의 범위)
https://blog.naver.com/PostList.naver?blogId=sangsokse0

03

사망하기 전에 인출한 현금에도 세금이?
사라진 돈은 상속받은 것으로 의심한다

김 사장은 생전에 대부분의 재산을 사회에 환원하겠다는 마음을 가지고 있었고, 실제로 몸이 쇠약해져 병원 치료를 자주 받으면서 모아둔 예금을 인출하여 이름도 알리지 않고 사회단체 여러 곳에 기부하였다. 아들은 이러한 사실을 알았지만 아버님의 뜻을 존중하여 아무런 준비도 하지 않고 있었는데, 아버님이 돌아가신 후 관할세무서로부터 아버님이 인출한 예금의 사용처를 소명하지 않으면 세금이 부과될 수 있다고 통보받게 되는데….

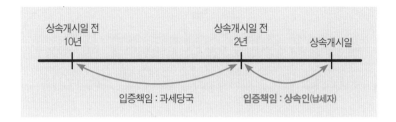

망인이 재산을 처분하거나 예금을 인출한 금액이 사망일 전 1년 이내에 2억 원 또는 사망일 전 2년 이내에 5억 원 이상일 때, 그 사용처가 객관적으로 명백하지 않으면 이를 상속재산으로 추정하여 상속세를 부과한다. 채무 역시 이와 같은 과정을 거친다. 망인이 부담한 채무를 합친 금액이 사망일 전 1년 이내에 2억 원 또는 사망일 전 2년 이내에 5억 원 이상일 때 그 사용처가 객관적으로 명백하지 않으면 이에 대해 상속세를 부과한다.

추정상속재산의 종류

재산의 종류	사전 처분 동의 금액	
	1년 이내	2년 이내
현금, 예금, 유가증권 등	2억 원 이상	5억 원 이상
부동산, 부동산권리 등	2억 원 이상	5억 원 이상
기타 재산(채무 등)	2억 원 이상	5억 원 이상

✚ 사라진 돈의 사용처를 합리적으로 입증해야 한다

상속인이 사라진 돈의 사용처가 따로 있다는 것을 적극적으로 입증하면 그 부분에 대해서는 상속세를 납부하지 않아도 된다. 그러나 죽은 자는 말이 없고, 어디에 그 돈을 사용했는지 밝혀 내는 것은 참으로 어려운 일이다. 이에 세법은 용도 입증을 요구하는 금액 중 80%만 해도 전부 입증한 것으로 보고 있다. 한편 돈의 사용처를 입증하면서 망인과 거래한 상대가 거래 사실을 부인해 그 사실 여부를 확인할 수 없을 때, 거래 상대가 망인의 특수관계인으로서 사회 통념상 지출 사실이 인정되지 않을 때, 망인의 연령·직업·경력·소득 및 재산 상태 등으로 보아 지출 사실이 인정되지 않을 때, 망인이 재취득하였다는 재산이 확인되지 않을 때는 돈의 사용이 입증되지 않은 것으로 본다.

◆ 교통사고 직전 1년간 카지노에서 전 재산 50억 원을 잃었다면?

만약 상당한 재산가인 망인이 교통사고를 당하기 직전 그만 도박에 빠져 카지노에서 그의 전 재산 50억 원을 탕진했다면 과연 상속세는 납부하지 않아도 되는지 생각해 보자. 우선 세무서는 카지노에서 사용하기 위한 돈은 예금이나 현금으로 인출하여야 하므로, 인출된 대부분의 돈을 상속재산으로 보아 상속세를 부과하고자 할 것이다. 이때 상속인은 적극적으로 그 돈의 사용처를 소명하여야 한다. 예를 들어 카지노 출입 내역, 환전 내역, 숙박 내역 등 가능한 모든 노력을 기울여 망인이 카지노에서 대부분의 돈을 탕진하였다는 사실을 상속인이 적극적으로 입증하여야 한다. 이와 같은 입증 의무는 추정 규정[2]

의 속성상 상속인들에게 있다.

✚ 명확하게 입증하지 못하면 상속세가 늘어난다

상속세 조사에서 금융거래의 추적은 가장 기본이다. 망인의 금융거래는 계좌추적을 통하여 송금과 수취 내역을 조사하여 그 귀속을 어렵지 않게 파악할 수 있다. 이를 근거로 자금흐름의 원인이 무엇인지에 따라 그 귀속자에게 증여세를 부과할 수 있으며 당초 밝혀지지 않았던 망인의 숨겨진 재산을 찾아낼 수도 있다.

이처럼 과세관청은 상속세 조사 시 망인의 금융거래를 추적하여 사라진 돈의 행방을 소명하라고 요청한다. 이럴 때 일부는 그 내용을 소명할 수 있을 것이고, 일부는 소명하지 못할 수도 있다. 이와 같은 소명과정 중 망인의 사라진 돈의 사용처를 소명하지 못한 금액이 있다면 그 금액에서 용도 입증 요구 금액의 20%에 해당하는 금액(최대 2억 원)을 뺀 금액에 대하여 상속세를 부과한다.

---

2) 추정이란 일정한 사실이 명확하지 않다면 일반적인 상태를 기준으로 일정한 법적 효과를 인정하는 것이다. 그러나 추정은 입증 없이 일정한 사실을 가정하는 것이므로 반증을 들어 증명하면 추정을 뒤엎을 수 있다.

상속세는 재산이 5억(또는 10억) 원 이상이어야 내는 세금 상속공제를 꼼꼼히 점검한다

외아들인 김 씨는 홀어머니가 돌아가신 후 상속세 고민에 빠졌다. 두 모자가 10년을 넘게 함께 살아온 유일한 재산인 아파트(9억 원 상당)로 인해 꽤 큰 금액의 상속세를 내야 할 것 같기 때문이다. 그러나 논현동신 세무사로부터 일괄공제 5억 원과 동거주택 상속공제를 적용받아 결국 상속세가 전혀 없다는 것을 알고 나서야 안심하게 되었다.

❖ 상속공제는 거주자 여부에 따라 차이가 크다

우리나라에서 상속세를 내는 사람은 그리 많지 않다. 대략 상속세가 발생하는 상속 비율은 전체 사망자의 3% 전후다. 이처럼 상속세를 납부하는 비율이 낮은 이유는 상속공제금액이 크기 때문이다. 이와 같은 상속공제는 망인이 거주자일 때만 적용해주고 있다(비거주자는 상속공제 중 2억 원의 기초공제만 적용함). 여기서 거주자란 망인이 한국 국적을 소유하였는지 여부와는 무관하게, 사망일 현재 국내에 주소를 두거나 183일 이상 거소(주소처럼 밀접한 관계를 가진 곳은 아니지만 얼마 동안 계속하여 임시로 거주하는 장소)를 둔 상황을 말한다.

❖ 상속이 발생하면 최소 5억 원(10억 원)은 무조건 공제된다

거주자인 망인이 사망하면 기초공제 2억 원 및 그 밖의 인적공제 합계 금액과 일괄공제 5억 원 중 큰 금액을 공제받을 수 있다. 상속세를 신고하지 않아 상속세를 세무서로부터 고지받는 상황에도 일괄공제 5억 원을 공제받을 수 있다. 상속이 발생하기만 하면 최소 5억 원(비거주자는 2억 원)은 무조건 공제해 준다.

사망일 현재 망자와 법률혼 관계에 있는 배우자가 생존해 있다면 배우자상속공제를 추가로 적용받을 수 있다. 따라서 배우자가 생존해 있는 상태에서 거주자인 망자가 사망했다면 일괄공제 5억 원과 배우자상속공제 5억 원을 공제받을 수 있으므로, 망인의 재산이 10억 원 이하라면 상속세를 낼 일은 없다. 배우자상속공제는 최소 5억 원 이상을 적용하며, 배우자가 실제로 상속받은 재산과 배우자의 법정상속 비율 중 적은 금액을 공제하되 최대 30억 원을 초과하지 못한다.

✚ 금융재산도 상속공제를 적용해준다

일반적으로 부동산의 평가는 시가를 알 수 없는 상황이 대부분이어서 기준시가(개별공시지가, 개별주택가격 등) 등으로 평가하므로 시가에 비해 비교적 낮게 평가된다. 이에 반하여 금융재산은 대부분 그 가액 자체가 시가이므로 시가의 100%로 평가된다. 이렇듯 금융재산과 비금융재산의 과세 형평성 문제를 해소하기 위해 상속재산 중 금융재산에 대하여 '금융재산상속공제'를 적용해 주고 있다. 이와 같은 금융재산에는 예금·금전·신탁재산·보험금·주식·채권·출자지분·어음 등 모든 금전 및 유가증권을 말하며, 금융채무가 있다면 금융재산에서 차감하여 순액에 대하여 금융재산상속공제를 적용해준다.

◆ 10년 이상 동거 주택에 대하여 최대 6억 원까지 공제 해준다

1주택을 장기간 보유한 자에게 상속세 부담을 덜어주고 헌법상 국민의 기본권인 주거권을 보장해 주기 위하여 일정 요건을 갖추었다면 동거주택상속공제를 적용해주고 있다. 1세대 1주택자에게 해당하는 망인과 무주택자에 해당하는 상속인(자녀에 한함)이 10년 이상 함께 동거한 주택을 상속받았을 때, 그 상속주택가액(주택 부수 토지의 가액을 포함)의 100%를 6억 원을 한도로 하여 상속재산에서 공제해준다.

상속공제의 종류 및 공제금액

구분	상속공제의 내용
선택공제	큰 금액(일괄공제 5억 원, 기초공제+자녀공제+경로자공제+장애인공제합계액)
배우자공제	망자에게 배우자가 있다면 최소 5억 원을 공제하되 최대 30억 원 한도
금융재산상속공제	금융재산가액의 20%를 공제하되, 최대 2억 원 한도
동거주택상속공제	동거주택가액의 100%를 공제하되 최대 6억 원 한도

* 이외에도 영농상속공제와 가업상속공제, 재해손실공제가 있다.

배우자에게 얼마나 재산을 상속해야지?(배우자상속공제와 상속세 절세)
https://blog.naver.com/sangsokse0/222671669886

05

상속 재산은 어떻게 평가하지?
상속 재산은 망인의 사망일 현재 시가로 평가한다

김 사장은 상속재산은 '시가'로 평가한다고 알고 있다. 그런데 세무사 사무실에서 어머님이 남겨주신 단독주택은 '개별주택가격'으로, 또 다른 아파트 한 채는 '시세(유사매매사례가액)'대로 평가한다고 한다. 도무지 재산평가를 어떤 기준으로 하는지 이해할 수가 없다.

✚ 재산가액의 평가는 망인의 사망일 현재의 '시가'로

상속세가 부과되는 재산은 망인의 사망일 현재의 시가를 기준으로 평가한다. 아울러 상속재산에서 빼는 공과금·장례비용·채무 금액의 평가 역시 마찬가지다. 여기서 '시가'란 불특정다수인 사이에 자유롭게 거래할 때 통상 성립되는 가액을 말하는데, 이는 다분히 이론적인 의미로써 한 마디로 명확하게 '무엇이 시가다'라고 단적으로 정의하기는 어렵다. 이런 이유로 상속세 업무 중 상당 부분을 재산 금액이 정확히 얼마인지를 계산하는 데 큰 노력을 기울이게 된다.

✚ 부동산에 대한 시가를 찾아야 한다

부동산 역시 사망일 현재의 시가로 평가하여야 할 것이다. 그러나 지금 당장 거래가 이루어진 물건이 아닌 이상 그 부동산에 대한 정확한 시가를 알기는 보통 어려운 일이 아니다. 따라서 세법은 사망일(상속개시일) 전후 6개월 이내에 해당 평가대상 부동산에 대한 매매가액·감정가액·보상가액·경매가액·공매가액 등이 있을 때 그 가액을 시가로 보고 있다. 그러나 상속받은 해당 부동산에 대한 위의 가액이 없을 때가 대부분이다.

실무적으로 아파트와 집단상가는 해당 상속재산과 동일하거나 유사한 다른 재산(예: 같은 단지 내의 같은 동 같은 평수로서 기준시가가 같은 아파트)이 있다면 그 가액을 시가로 본다. 이러한 가액은 국토해양부 홈페이지에서 실거래가액을 조회하면 비교적 쉽게 찾을 수 있다.

단독주택일 때 해당 상속재산과 동일하거나 유사한 것을 찾는 것은 거의 불가능하므로 실무적으로 '개별주택가격'으로 평가하고 있으며, 토지 역시 이와 같은 이유로 '개별공시지가'로 평가한다.

한편 소규모상가의 토지는 개별공시지가, 건물은 기준시가로 평가하고 있다. 최근 논란이 되는 '꼬마빌딩'은 소규모상가와 같이 평가하되, 일정 규모 이상의 꼬마빌딩에 대해서는 과세관청이 감정평가를 의뢰하여 감정평가 금액을 시가로 볼 수 있다고 규정한다. 그러나 구체적인 기준이나 규모 등에 대하여는 별도의 언급이 없어 납세자들에게 많은 혼란을 초래하는 것 역시 사실이다. 조속히 감정평가 대상인 꼬마빌딩에 대한 자세한 내용을 규정하여야 할 것이다.

◆ 상장주식과 비상장주식의 평가

상속재산이 상장된 주식이라면 한국거래소에서 계속 거래되는 주식이므로 시가를 찾기가 쉽다. 상장주식은 망인의 사망일 이전·이후 각 2개월(전체 4개월) 동안 매일 매일의 거래소 최종가액의 평균액으로 평가한다.

한국거래소에 상장되지 않은 주식(비상장주식)은 평가 기준일 전후

상속 부동산의 평가(부동산의 종류에 따른 구체적인 평가 방법)
https://blog.naver.com/sangsokse0/222769871607

6개월(증여는 3개월) 이내 불특정다수인이 서로 자유롭게 거래한 매매가 · 공매가 · 경매가 등의 시가로 평가하는 것이 원칙이지만, 이와 같은 가액이 없는 것이 일반적이며, 이때 상속세 및 증여세법상 보충적 평가 방법에 의한다.

06

단독주택으로 상속할까?
아파트로 상속할까?
상속재산 평가에 관한 절세 방안

최근 사업을 정리하고 은퇴를 결심한 김 사장은 가지고 있는 여윳돈으로 도심 외곽에 위치한 전원 주택을 구입해야 할 지, 병원과 문화 시설이 가깝고 지인들과 자주 만날 수 있는 도심의 아파트를 구입해야 할지 고민이다. 같은 조건이라면 나중에 자식들의 상속세 부담이 적은 방향으로 결정하고 싶은데…

◈ 아파트는 다른 부동산에 비하여 세 부담이 높다

앞에서도 살펴본 바와 같이 상속재산은 사망일 현재 시가로 평가한다고 하나 실무적으로 아파트는 거의 시세에 가깝게 평가하며, 단독주택·토지·상가 등에 대하여는 시세대로 평가하는 일은 거의 없고 대부분 기준시가로 평가하고 있다. 따라서 아파트와 단독주택의 가격대가 비슷하더라도 아파트가 상대적으로 상속세 부담이 크다. 아파트는 시세가 반영된 가액으로, 단독주택은 시세에 못 미치는 가액으로 상속세가 과세되기 때문에 아파트를 상속재산으로 보유할 때 상대적으로 세 부담이 높은 것이다.

◈ 상속받은 부동산은 사망일 후 6개월 이내 처분하지 마라

우리나라 자산가들은 대부분의 재산을 부동산 형태로 보유하기 때문에 막상 상속이 발생할 때 상속세의 재원 조달이 여의찮은 때가 많다. 이에 따라 많은 상속인이 부동산을 상속받으면 그 부동산을 단기간 내에 매도하고자 한다. 그러나 상속재산을 사망일로부터 6개월 이내에 처분하는 그 처분가액으로 상속재산을 평가하도록 되어 있기 때문에 상황에 따라 더 많은 상속세를 납부할 수도 있다. 따라서 상속받은 부동산을 사망일 후 6개월 이내 처분할 때 상속세에 미치는 영향을 다각도로 고려해야 한다.

◆ 감정평가 방법을 적극 활용하라

상속받은 부동산은 상속개시일 당시 세법에서 정해진 가액으로 평가하게 되며, 이 가액은 상속 이후 상속받은 부동산을 처분할 때(양도소득세 계산 시) 취득가액이 된다. 이와 같은 점을 활용하여 양도소득세를 줄이기 위하여 상속재산을 감정평가해 상속세를 신고할 수 있다. 그러나 이 경우를 적용할 수 있는 것은 다소 제한적이다.

대표적으로 상속세율 10% 또는 20%를 적용받는 정도의 재산을 보유하고 있으며, 상속재산 중 토지가 상당 부분 차지할 때 이 토지를 감정평가하여 기준시가보다 높게 신고하는 방법이다. 물론 상속세 신고 당시에는 기준시가로 신고하는 방법보다 감정평가액이 더 높게 나오므로 더 많은 상속세를 납부하지만, 나중에 이 토지를 양도하는 시점에 꽤 많은 금액의 양도소득세를 줄일 수도 있다. 토지 가액을 높게 신고함으로써 추가로 납부하는 상속세는 차액(감정평가액-기준시가)의 10% 또는 20%이지만, 양도소득세는 최고세율이 49.5%(주민세 포함)에 이를 정도로 높기 때문이다. 이처럼 상속재산을 감정평가하여 높은 가액으로 신고한 후 추후 상속재산의 처분 시 양도소득세를 줄일 수 있는 경우도 있다. 이는 보다 정확하고 세밀한 분석 작업을 필요로 하므로 전문 세무사와 논의하는 것이 필요하다.

욕심이 지나치면 절세는 멀어진다
상속세 절세의 대전제는
가족 간의 화목

김 씨는 30억 원의 재산을 부인과 아들 2명에게 남기고 사망하였다. 그런데 큰아들의 욕심이 너무 과하여 예금 4억 원만 어머니에게 드리고 나머지는 본인이 모두 상속받고자 한다. 동생은 어릴 때부터 유학자금으로 많은 돈을 받아 현재는 미국에서 잘 살고 있고, 어머니는 건강이 좋지 않으셔서 곧 돌아가시면 상속세를 또 납부하여야 하므로 굳이 많이 받으실 필요가 없다는 것이었다. 과히 욕심이 하늘을 찌르는데….

✦ 상속세 절세는 화목한 가정에 주어지는 선물

화목한 가정은 절세를 충분히 고려하여 재산을 고르게 나눌 수 있는데 반해, 그렇지 않은 가정은 세금은 뒷전이고 우선 본인이 당장 많은 재산을 받는 데에만 모든 신경을 쓰게 된다. 그런데 이와 같은 재산배분의 문제점은 절세와는 완전히 동떨어진 방법이다. 앞의 예에서는 최대 12억8천여만 원의 배우자상속공제를 적용받을 수도 있는 것을 큰아들의 욕심으로 단 5억 원밖에 인정받지 못하게 된다(배우자상속 공제의 최소 금액은 5억 원이다). 만약 큰 아들이 자신의 욕심은 내려놓고 절세를 충분히 고려하여 합리적인 재산배분을 하였다면 많은 세금을 줄일 수 있었을 것이다. 정말이지 가족 간의 화목이 상속세 절세의 대전제임을 다시 한번 일깨워주는 사례다.

✦ 조금만 더 기다렸다면 상속세는 '0'이었을 텐데

최근 사망한 김 씨에게는 얼마 전 결혼한 재력가인 새 부인과 전부인 사이의 태어난 아들이 있었다. 사망 직전 김 씨는 새 부인의 동의로 유일한 재산인 시세 18억 원, 개별주택가격 10억 원 하는 단독주택을 김 씨의 아들에게 상속한다는 내용의 유언장을 작성 후 변호사에게 맡겨 놓았다. 그러나 김 씨가 사망하기 10일 전 아들은 상속재산을 혼자서 차지하겠다는 욕심에 시세 보다 싼 16억 원에 급히 집을 처분하고 대부분의 돈을 자기 은행 부채 상환에 써버리고 상속세 1억8백여만 원을 납부한 후에야 한숨을 돌릴 수 있었다. 이를 괘씸히 여긴 새어머니로부터 김 씨의 아들은 유류분 반환청구 소송을 당하였으며, 게다가 세무사로부터 '상속세를 한 푼도 내지 않을 수도 있었는데 왜 그런 실수를 했냐'는 핀잔을 들었다. 얘기인즉슨, 상속개시일로부터 6개월 이내 당해 재산을 처분할 때 그 처분가액(16억 원)이 그대로 재산평가액이 되어 1억 8백여만 원의 상속세가 계산되었다는 것이다. 그러나 만약 김 씨의 사망일까지 주택을 처분하지 않고 그대로 가지고 있었다면 기준시가인 10억 원으로 평가되어 궁극적으로 상속세는 하나도 없었을 것이라는 내용이었다. 김 씨의 아들은 돈 욕심에 눈이 먼 것을 후회했지만 이미 엎질러진 물이었다.

✦ 상속세 절세는 가족들에게 더 많은 유산을 남긴다

상속세 절세를 끌어내기 위해서는 가족 구성원 간 대화와 양보는 꼭 필요한 요소다. 상속의 가장 큰 실패 원인은 '가족 간의 대화 부족과 믿음의 붕괴'다. 또 다른 원인으로 상속 준비의 부족을 들 수 있다. 결국 상속이 성공하기 위해서는 충분한 대화와 양보 그리고 철저한 준비가 필요하다. 이런 과정을 거친 후 일궈낸 상속세 절세는 어렵고 힘들지만 서로 양보함으로써 좋은 결과를 만들어 낸 상속인들에게 주는 망인의 마지막 선물인 셈이다.

08

모든 재산을 고생한 아내에게 다 준다면?
배우자에게 현명하게 상속하는 법

　오랜 기간 병상에 누워있던 김 사장은 곁에서 병간호를 해주며 고생한 아내에게 모든 재산을 남겨 주고 싶다. 그래야 출가한 자식들이 나이든 아내를 무시하지 않고 잘 봉양할 것만 같았다. 하지만 정작 아내는 나중에 본인이 사망할 때에는 배우자상속공제를 적용 받을 수 없어 많은 상속세를 납부하게 되는 것이 걱정이다.

◆ 배우자의 사망도 고려해서 재산을 배분할 것

상속재산을 나눌 때 배우자에게 너무 많은 재산이 배분되지 않도록 하여야 한다. 왜냐하면 배우자는 자녀들에 비하여 먼저 사망하게 될 가능성이 훨씬 크기 때문이다. 예를 들어 아버지의 상속재산을 어머니에게 많이 배분하면 할수록 어머니가 돌아가신 때에 다시 큰 금액의 상속세가 부과될 가능성이 높다. 물론 어머니가 아버지로부터 받은 상속재산이 어머니의 상속세 신고 시 다시 포함된다면 아버지 사망 이후의 기간에 따라 '단기재상속공제'를 적용해주고 있다. 그러나 10년이 지나면 그 효과는 완전히 사라지게 된다. 이런 이유로 망인의 배우자에게 상속재산을 배분할 때는 추후 배우자의 사망으로 인한 상속세 부담이 크지 않도록 너무 많은 재산을 배분하지 않아야 한다.

◆ 배우자상속공제액을 고려하자

상속재산을 배분할 때 배우자에게 배우자상속공제액 이상을 배분하여야 한다. 왜냐하면 배우자상속공제의 전제 조건은 배우자상속공제의 해당액 만큼을 실제로 배우자에게 배분하는 것을 요구하기 때문이다. 예를 들어 아버지의 사망으로 인한 배우자상속공제액은 8억 원이 계산되었는데, 상속인들이 어머니(배우자)에게 6억 원만을 분할하기로 하였다면, 차액 2억 원은 배우자상속공제를 적용받지 못한다. 따라서 망인의 배우자에서 재산을 배분할 때는 모든 정황을 고려해 미리 계산한 배우자상속공제금액 이상을 배우자의 실제 몫으로 배분해야 한다.

◆ 상속세는 배우자가 전부 내라!

상속인별로 납부해야 할 상속세는 망인의 전 재산을 기준으로 전체 상속세를 계산한 후 각 상속인이 상속받은 재산 비율에 따라 세액을 계산한다. 한편 어느 상속인이 자신에게 부과된 상속세를 내지 않았을 때 다른 상속인은 이에 대하여 연대납세의무가 있다.

여기에 절세의 힌트가 있다. 자녀들의 상속세를 배우자가 대신 납부하는 것이다. 상속세는 연대납세의무가 있으므로 상속인 중 어느 한 명이 자신이 받은 재산 범위 내에서 세액을 전부 납부하는 것이 가능하기 때문이다. 이렇게 함으로써 추후 배우자의 사망 시 상속재산을 줄이는 효과가 있으며, 자녀들은 상대적으로 세 부담을 줄이면서 더 많은 재산을 가지게 된다. 물론 배우자가 자녀들을 대신해서 부담하는 상속세 금액이 많으면 그에 대한 구상권(배우자가 자녀를 대신하여 납부한 금액에 대한 구상권)을 형성하게 되므로 반드시 절세에 해당하는 것인지 다소의 논란은 있다. 그러나 실무적으로 금액이 크지 않다면 문제가 되는 일은 매우 드물다.

09

재산을 손자에게 물려주고 싶을 때
세대를 건너뛴 상속

김 사장은 아들 내외와 사이가 별로 좋지 않다. 하지만 소아마비를 앓고 있는 손자만은 눈에 넣어도 아프지 않을 만큼 사랑스럽다. 많지 않은 재산이지만 아들 내외가 아닌 손자에게 재산을 직접 줄 수 있는 방법을 고민 중이다.

우리 손자 최고

✚ 손자에게 상속하려면 꼭 유언을 남긴다

할아버지가 손자에게 재산을 상속하고자 한다면 반드시 유언을 남기는 것이 좋다. 본래 손자는 아버지가 살아계시는 한 적법한 상속인이 될 자격이 없다. 그러나 할아버지가 살아계실 때 유언으로 상속인을 특별히 지정할 수 있으므로, 손자에게 재산을 상속하는 내용의 유언장을 작성하였다면 손자도 할아버지의 재산을 상속받을 수 있다.

✚ 세대를 건너뛴 상속은 세금을 더 낸다

상속세는 부의 무상 이전행위인 상속에 대하여 1세대 1회 과세를 원칙으로 한다. 그러나 만약 할아버지 세대에서 아버지 세대로 이어지는 상속이 아닌, 세대를 건너뛰어 할아버지 세대에서 손자 세대로 직접 상속한다면 세대별 상속세 납부는 2회에서 1회로 줄어들게 된다. 세법은 이와 같은 세대를 건너뛴 상속에 대하여 30% 할증 과세를 하고 있다.

그러나 대습상속3)은 30% 할증 과세를 적용하지 않는다. 즉, 대습상속은 세대를 건너뛴 상속행위임에도 불구하고 회피 불가능한 행위로 보아 세대를 건너뛴 상속에 대한 할증 과세를 적용하지 않는다.

---

3) 대습상속이란 망인이 사망하기 전에 상속인이 될 사람이 이미 고인이 되었거나 상속결격자(상속 자격을 박탈당한 자)가 되었다면 상속인이 될 사람을 대신하여 그의 자녀들과 배우자가 상속하는 것을 말한다.

◆ 유언 없이 손자에게 재산을 주려면 특단의 조치가 필요하다

할아버지의 유언이 특별히 없다면 민법상 법정상속 순위에 따라 상속인이 정해진다. 이런 상황이라면 1순위인 직계비속에 해당하는 아버지가 상속인이 된다. 다시 말해 아버지가 생존해 있는 손자는 할아버지의 법정상속인이 될 수 없는 것이다.

그러나 예외적인 경우로서 할아버지의 자녀인 아버지, 삼촌 등 동촌 수의 상속인이 모두 상속을 포기한다면 다음 촌수에 해당하는 손자가 법정상속인이 될 수 있다. 선순위 상속인 전원이 상속을 포기하는 때에는 그다음 순위의 법정상속인이 상속인이 되기 때문이다. 그러나 이럴 때에는 정상적인 상황에 비하여 상속공제를 대부분 적용받지 못한다는 것에 유의하여야 한다. 한편 이와 달리 할아버지의 재산을 유언이나 선순위상속인 전원의 상속포기 없이 손자에게 임의로 배분할 때, 선순위상속인에게는 상속세를 손자에게는 증여세를 각각 부과한다. 말 그대로 세금폭탄이 아닐 수 없다. 정말이지 있어서는 안 될 일이지만 실무에서는 종종 일어나는 실수 중 하나다.

10

상속세가 없어도 상속세를 신고하는 것이 유리한 경우
상속세 신고를 통한 양도소득세 절세전략

아버지로부터 시가(감정가액) 7억 원인 다가구주택 한 채를 어머니를 모시는 조건으로 상속받은 김 사장은 등기이전 시 상속주택의 공시가격이 4억 원인 것을 알았다. 김 사장은 상속재산이 10억 원을 넘지 않으면 상속세를 내지 않는다고 알고 있어 별도로 상속세 신고를 하지 않으려고 하는데….

상속세 신고로
양도소득세를 줄일 수 있다

상속세 계산 시 사망한 사람에게 배우자가 있으면 상속재산에서 일괄공제 5억 원과 배우자상속공제 5억 원을, 배우자가 없으면 일괄공제 5억 원을 최소로 공제해 준다. 상속재산이 10억 원(배우자가 없으면 5억 원)을 넘지 않으면 납부해야 할 상속세가 없다는 의미다. 이럴 때 굳이 상속세 신고를 하지 않아도 가산세 등의 부담이 없지만, 부동산을 상속받았다면 상속세 신고를 일부러 해두는 것이 좋을 수도 있다.

◆ 상속세 신고로 양도소득세를 줄일 수 있다

상속세가 없을 때도 상속세를 신고하는 것이 나중에 상속인이 상속받은 부동산의 양도소득세를 절세하는 데 훨씬 유리한 경우가 많이 있다. 앞의 사례에서 김 사장이 얼마 후 상속주택을 7억 원에 양도했다고 가정해 보자. 상속주택 양도에 따라 양도소득세를 계산하여야 하는데, 이때 해당 상속주택의 취득가액은 상속세 신고를 하지 않았으므로 개별주택가격인 4억 원이 된다. 상속 당시 주택의 시가가 7억 원이라고 하더라도 과세관청은 그 시가를 객관적으로 파악하기 어려워 개별주택가격을 취득가액으로 적용할 것이기 때문이다. 이때 상속세를 신고하지 않았으므로 양도차익은 3억 원이 발생하고 이에 대하여 1억4백여만 원의 양도소득세 등을 납부하여야 한다. 그러나 상속 당시 감정평가를 받아 상속세 신고를 하였다면 상속세를 납부하지 않으면서도 상속주택의 취득가액은 시가인 7억 원이 되어 양도소득세 납부세액은 없다.

상속세 신고 여부	상속세 신고 ×	7억 원으로 신고
양도가액	7억 원	7억 원
취득가액	4억 원	7억 원
양도차익	3억 원	없음
양도소득세 등*	1억4백만 원	없음

* 장기보유특별공제는 적용하지 않았으며 지방소득세를 포함하였음

　　그렇다면 과연 상속재산이 10억 원(배우자가 없을 때는 5억 원) 미만일 때는 무조건 상속세 신고를 하는 것이 유리한 것일까? 단순한 질문은 아니지만 다음을 고려하여 종합적인 판단이 필요하다.

1 기준시가와 시가와의 차이가 명백한 토지, 단독주택, 빌라, 상가건물 등의 부동산을 상속받았을 때

2 감정평가 비용과 세무대행 수수료를 지불하고도 추후 양도소득세 절세액이 더 클 때

3 향후 부동산 가격이 현재의 시가 상태를 유지하거나 상승할 것으로 기대될 때

4 향후 상속인이 1세대 1주택 비과세 혜택을 적용받지 않으리라 예상될 때(상속 당시 이미 상속인에게 기존 주택이 1채 이상 있을 때)

상속세가 없어도 상속세를 신고하는 것이 유리한 경우는?
(상속세 신고를 통한 양도소득세 절세전략)
https://blog.naver.com/sangsokse0/222671702307

11

세금을 신고하는 것과
신고하지 않는 것은 하늘과 땅 차이
무신고 시 가산세 적용

김 사장은 얼마 전 돌아가신 아버님 소유의 부동산을 본인 명의로 이전하면서 회사 일도 바쁘고 아버님이 남겨놓으신 재산도 얼마 되지 않는다는 생각에 상속세는 별도로 신고하지 않고 고지서가 나오면 그때 납부하려고 생각하는데….

◆ 상속세와 증여세가 나오지 않는 경우

상속세는 망자가 배우자가 있는 상태에서 돌아가셨을 때 상속재산에서 최소한 10억 원(배우자 공제 5억 원과 일괄공제 5억 원)의 상속공제를 인정하므로 상속재산 규모가 10억 원(배우자가 없을 때 5억 원) 이상일 때 한하여 신고하면 된다. 그러나 여기서 주의할 것은 상속인이 망자로부터 돌아가시기 전 10년(상속인 외의 자는 5년) 이내에 증여받은 재산이 있다면 이 재산을 합산하여 10억 원(또는 5억 원) 이상 여부를 판단하여야 한다. 여기서 증여받은 재산이란 세무서에 신고한 것과 관계없이 실제로 증여받은 재산을 모두 포함한다.

증여세는 증여일로부터 거꾸로 합산하여 10년간, 배우자 간은 6억원, 직계존비속 간은 5천만 원을 증여재산에서 공제해준다. 따라서 증여하는 금액이 이 금액 미만일 때 증여세를 별도로 신고하지 않아도 큰 문제점이 없다. 물론 여기서의 증여재산은 세무서에 신고한 것과 관계없이 실제로 증여받은 재산을 모두 포함하는 의미다.

◆ 이왕 신고할 거라면 제때 한다

과세관청은 상속세와 증여세에 대하여 자진신고를 유인하고 과세비용을 줄이기 위하여 신고기한(상속세는 상속개시일이 속하는 달의 말일로부터 6개월, 증여세는 증여일이 속하는 달의 말 일로부터 3개월) 내에 신고서를 제출하면 산출세액(본세)의 3%를 신고세액공제로 차감해준다.

그러나 신고 기한 내 신고서를 제출하지 않는다면 산출세액의 20%

인 무신고가산세를 벌과적 성격으로 부과한다. 더불어 세액을 납부하지 않은 것에 대하여 이자성격의 납부지연가산세(연 이자 약 8%)를 일자 수로 계산하여 부과하고 있다.

◆ 신고와 무신고의 차이는 하늘과 땅 차이

상속세를 신고 기한 내 정상적으로 신고했을 때와 그렇지 않은 때의 세금은 하늘과 땅 차이다. 예를 들어 상속세가 1억 원일 때 이를 신고 기한 내에 신고했을 때(상속세 총액 9천7백만 원)와 그만 실수로 신고 기한의 다음날 신고(상속세 총액 1억2천만 원)한 경우 단 하루에 불과하지만 2천3백만 원(23%)의 차이가 난다. 신고하지 않거나 신고 기한이 지나 신고했을 때 본래 납부하여야 할 세액(본세)의 20%를 무신고가산세로 부과하는 데 반하여, 제때 신고하면 본래 납부세액의 3%를 신고세액공제로 차감해주기 때문이다. 실로 어마어마한 차이가 아닐 수 없다. 만약 상속세 본세가 1억 원이라면 기한 내 신고한 것과 5년 경과 후 무신고로 추징되는 상황을 비교하면 다음과 같다.

상속세 본세가 1억 원일 때 신고한 것과 5년 경과 후 추징되는 경우

시점	신고 기한 내 신고	무신고, 5년 후 추징	차이
상속세 본세	1억 원	1억 원	-
신고세액공제(3%)	(3백만 원)	-	3백만 원
무신고가산세(20%)	-	2천만 원	2천만 원
납부지연가산세(8%)	-	4천만 원	4천만 원
총 부담세액	9천7백만 원	1억6천만 원	6천3백만 원

12

외국에서 오랫동안 생활해온 사람의 상속세 신고는?
비거주자의 상속세 신고

김 사장은 IMF 시기에 국내 사업을 정리하고 외국에 법인을 세워 운영하였으며, 다행히 사업이 성공적이어서 외국에 많은 부동산을 사두었다. 오랜만에 가족들을 만나기 위해 한국으로 돌아온 김 사장은 지인으로부터 비거주자라면 국내에 있는 재산에 대하여만 상속세를 부담하면 되고, 비거주자여부는 국적과는 무관하다는 이야기를 듣게 되는데….

도대체 거주자야?
비거주자야?

✦ 거주자는 국적과는 관계없이 주소 등의 유무로 구분한다

상속세는 망자인 피상속인이 거주자인지 비거주자인지에 따라 과세대상 범위와 상속세 계산을 위한 각종 공제금액 등에 차이가 발생한다. 여기서 거주자란 대한민국 국적을 소유하였는지 외국 국적을 소유하였는지 여부와는 무관하고, 망인이 사망일 현재 대한민국 내에 주소를 두었거나 183일 이상 거소를 둔 경우를 말한다. 망인이 비록 외국 국적을 가진 자일지라도 사망 전 우리나라에 주소를 두었거나 183일 이상 거소하였다면 거주자에 해당한다. 일반적으로 대한민국 국적을 가진 사람으로서 국내에 주소와 직장을 가진 사람은 거주자다. 그러나 망인이 이민을 갔다거나 외국 시민권자·영주권자일 때, 해외에 장기간 체류하거나 해외에서 직장을 가지고 있을 때 등은 거주자인지 비거주자인지를 확인하는 방법은 사실 간단치가 않다. 그런데도 이는 상속세 신고의 가장 기본이 되는 중요한 판단사항이므로 전문가와 상의하여 명확하게 구분을 지어야 한다.

✦ 거주자와 비거주자의 상속세 과세방법은 달라도 너무 다르다

돌아가신 분이 거주자일 때에는 국내·외의 모든 재산에 대해 상속세를 과세하지만, 비거주자일 때에는 국내 재산에 대해서만 상속세를 과세하고 있다. 만약 비거주자라면 국내에 소재한 상속재산과 관련이 있는 공과금과 채무만 공제하여 줄 뿐 장례비는 공제해주지 않고 있다.

또한 비거주자는 거주자와 달리 기초공제 2억 원만 적용될 뿐 기타의 다른 여러 공제(일괄공제, 배우자상속공제, 가업상속공제, 영농상속공제, 금융재산상속공제, 동거주택상속공제)를 적용받을 수 없다. 한편 증여세액공제, 단기재상속세액공제, 신고세액공제 등 각종 세액공제는 거주자와 동일하게 적용하고 있으나, 외국납부세액공제는 적용되지 않음에 유의하여야 한다. 그리고 연부연납과 물납은 비거주자와 거주자의 구분없이 동일하게 적용되고 있다.

구분		거주자가 사망한 경우	비거주자가 사망한 경우
신고납부기한		상속개시일에 속하는 달의 말일로부터 6개월 이내	상속개시일이 속하는 달의 말일로부터 9개월 이내
과세대상 재산		국내 외의 모든 상속재산	국내 소재 상속재산
공제 금액	공과금	미납된 모든 공과금	국내 상속재산 관련 공과금
	장례비용	공제	공제안됨
	채무	모든 채무 공제	국내 상속재산에 저당권으로 담보된 채무
과세 표준의 계산	기초공제(2억 원)	공제	공제
	그밖의 인정공제	공제	공제안됨
	일괄공제(5억 원)	공제	공제안됨
	배우자상속공제	공제	공제안됨
	금융재산상속공제	공제	공제안됨
	재해손실공제	공제	공제안됨
	동거주택상속공제	공제	공제안됨
	감정평가수수료	공제	공제

◆ 거주자가 유리할까? 비거주자가 유리할까?

본서의 내용으로 미루어보면 각종 공제가 가능한 거주자의 신분으로 상속세를 신고하는 것이 유리한 것처럼 보이지만, 피상속인의 상황에 따라 각각의 경우를 따져보아야 정확한 판단이 가능하다. 국내와 국외의 재산 현황이 어떠한지, 상속세율은 얼마만큼의 차이가 있는지, 조세조약이 체결되어 유리한 점은 없는지 그리고 남겨진 가족들이 향후 어디에서 생활할 것인지 등 거주하는 국가의 상속세와 국내의 상속세를 종합적으로 비교하여 판단해야 한다.

13

형님이 내지 않은 상속세를 동생이 내야 하나요?
상속세의 납세의무와 연대납세의무

김 사장은 어머니가 돌아가시면서 남겨주신 상속재산을 형님과 50%씩 나누었고, 상속세도 마찬가지로 50%씩 부담하기로 하였다. 김 사장은 자신이 부담하여야 할 상속세를 신고하면서 함께 납부하였으나 형님은 사업자금이 부족하다는 이유로 상속세 납부를 차일피일 미루고 있는데….

상속세 연대 납세 의무

◆ 상속세는 받은 만큼 낸다

상속인이 혼자일 때 단독으로 모든 재산을 상속받게 되므로 상속세 역시 혼자서 모두 납부하면 된다. 그러나 상속인이 여러 사람일 때 이들을 '공동상속인'이라 하는데, 공동상속인은 각자가 상속받은 재산 비율에 따라 상속세를 납부해야 한다.

예를 들어 아버지가 돌아가시면서 상속재산 10억 원을 남겼고 그에 대한 상속세가 1억 원인 상태에서 큰아들이 상속재산의 반을 받았다면 큰아들이 내야 할 상속세는 5천만 원이다. 상속재산의 50%를 받았으므로 전체 상속세 중 50%인 5천만 원이 큰아들이 납부해야 할 몫이다.

◆ 공동상속인들에게는 연대납세의무가 있다

공동상속인들 사이에는 어느 상속인이 자신이 받은 재산 비율만큼 상속세를 납부하지 않을 때 다른 상속인이 그 사람의 세금을 연대하여 납부할 의무가 있는데, 이를 '상속인의 연대납세의무'라고 한다.

예를 들어 아버지가 상속재산으로 10억 원을 남기고 그에 대한 상속세가 1억 원인 상태에서 큰아들과 작은아들이 각각 5억 원의 재산을 상속받았다고 하자. 그런데 작은아들이 상속받은 5억 원을 자신이 상속 이전부터 운영하던 사업 빚에 모두 써버리고 막상 상속세는 납부하지 못한 상황일 때, 형은 동생의 상속세 5천만 원(상속받은 재산 비율은 50%이므로 동생 몫 상속세는 5천만 원임)을 연대하여 납부할 의무가 있다. 이와 같은 연대납세의무는 자신이 받은 재산 금액을 한도로 한다. 따라서 큰아들이 상속받은 5억 원 이내에서만 다른 상속인의 세금을 대신해서 납부하는 것이다. 대부분 이와 같은 한도금액에 걸리는 일이 없지만 상속인이 여러 명이고, 그 중 상당수의 상속인이 동시에 세금을 납부하지 않는 특이한 상황에서는 이 같은 현상이 발생할 수도 있다.

◆ 세금에는 '제척기간'과 '소멸시효'라는 시간적 제한이 있다

제척기간이란 권리 자체의 존속기간을 의미한다. 예를 들어 어느 재산가의 사망에 대한 상속세를 신고하지 않았을 때 과세관청이 상속세를 부과할 수 있는 기간을 말한다. 범죄자를 고소할 수 있는 공소시효와 비슷한 의미로 생각하면 된다. 여기서 공소시효란 범죄가 일어났을 때 일정 기간이 지나면 공소의 제기를 허용하지 않는 것을 말한다. 범죄의 종류에 따라 그 기간이 다르지만, 일반적으로 범죄를 저지

상속세 및 증여세의 제척기간

구분	제척기간
사기나 그밖의 부정 등으로 상속세 증여세를 포탈할 때	15년
상속세 · 증여세를 무신고한 때	
신고서를 제출한 자가 거짓신고 또는 누락신고를 한 때	
기타	10년

른 시점으로부터 10~25년에 달하는데, 정해진 공소시효 기간이 지나 버리면 증거가 있다고 해도 수사 및 기소의 대상이 되지 않는다. 최근 에는 살인죄의 공소시효가 없어졌다.

이와 같은 상속세의 제척기간이 만료되면 더 이상 세금을 부과할 수 없는데, 이는 예측가능 기간을 제공하여 국민 생활을 안정시키기 위한 것이다. 가령 아들이 증여재산을 아버지로부터 10억 원을 받았 으나 이를 신고하지 않은 채 15년이 지났다면 과세관청은 더 이상 그 아들에게 증여세를 부과할 수 없게 된다.

반면 소멸시효는 어느 시점이 지나면 권리가 소멸하는 기간을 의미 한다. 다시 말해 결정된 세금을 일정 기간이 지나도 징수하지 않으면 그 세금 납부 의무가 사라지는 기간을 말한다. 상속세와 증여세의 소 멸시효는 5년이다. 예를 들어 상속인에게 10억 원의 세금이 결정되어 고지서로 통보되었음에도 불구하고 과세관청이 5년 동안 어떠한 세 금징수행위를 하지 않는 경우 납부의무는 사라지게 된다.

14

할부로 나눠 내거나 부동산으로 대신 납부할 수도 있다고?
상속세의 연부연납과 물납제도

최근 홀어머니의 사망으로 단독 상속인이 된 김 사장은 5억 원이나 되는 상속세를 어떻게 내야 할지 걱정이다. 상속받은 재산의 대부분이 부동산이어서 당장 처분하기도 어려운데다가 대출을 받아도 이자 부담이 만만치 않다.

◆ 10년 이내 분할하여 납부하는 연부연납제도를 알아두자

상속재산의 대부분이 부동산으로 구성되어 있고 현금이 부족할 때는 상속세 납부세액을 일시에 납부하기 어려울 때가 많다. 이를 해결하는 방법으로 세금을 10년 이내에 기간을 선택하여 분할 납부할 수 있는 연부연납제도가 있다. 이는 상대적으로 다른 세목에 비해 거액의 세금을 납부하는 상속세 또는 증여세에 적용하는 것으로, 세금 마련을 위한 시간적 여유를 주기 위한 제도다.

연부연납은 납부하여야 할 상속세가 2천만 원을 초과하면 매회 납부하는 금액이 1천만 원 이상이 되도록 최장 상속세 10년(증여세 5년) 이내에 분할 납부하는 방법이다. 예를 들어 전체 상속세 6천 만 원을 5년간 나눠서 납부하고자 하는 경우, 상속세 신고 당시 1천만 원을 납부한 후 5년간 1천만 원씩 5회 납부하면 된다. 연부연납은 물납과 달리 상속받은 부동산으로 세액을 대신 납부하는 것이 부담스러울 때 선택할 수 있는 방법이다. 이와 같은 연부연납은 별도의 납세담보를 제공하여야 하며, 나중에 분할납부하는 세금에 대하여 이자성격인 연부연납 가산금을 부과하고 있으며, 그 이자율은 연 1.2%(2022년 12월 말 현재 기준)이다.

◆ 부동산 등으로 납부할 수도 있다

우리나라 자산가 대부분은 부동산 형태로 재산을 보유하고 있다. 따라서 막상 상속세를 납부하고자 할 때 부동산을 처분하지 않으면 상속세를 납부하기 어려운 상황이 발생할 수 있다. 물납제도는 이와 같은 상황에서 납세자에게 상속 받은 부동산과 유가증권으로 상속세를 대신 납부할 수 있도록 인정하는 것이다. 상속재산(또는 증여재산) 중 부동산과 유가증권 가액이 해당하는 재산가액의 50%를 초과하고, 납부하여야 할 상속세가 2천만 원 초과시 상속세신고기한 내에 신청하면 과세관청은 이에 대하여 일정요건을 충족할 때 물납을 허용하고 있다.

◆ 물납은 가급적 피하는 것이 좋다

부동산으로 대신 세금을 납부하는 것은 가급적 지양하는 것이 좋다. 물납으로 인정해주는 금액은 세법상 평가액이어서 거래되는 시세에 비하여 그 금액이 매우 적기 때문이다. 따라서 물납하고자 하는 측에서는 팔리지 않는 땅, 시세가 기준시가와 별 차이가 없는 땅, 도로로 사용되는 땅 등 소위 별 볼 일 없는 부동산으로 물납하고 싶어 한다. 이에 반하여 과세관청은 관리하기에 어려움이 없거나 처분하기 좋은 땅을 선호한다. 따라서 이런저런 이유로 물납을 거부하는 일이 많다. 설령 물납을 허가한다 할지라도 시간과 노력을 여간 쏟아야 하는 것이 아니다. 부득이 물납해야 할 상황이라면 물납과 연부연납을 동시에 진행하는 것도 좋은 방법이라 생각한다. 일부는 물납을 진행하고 일부는 연부연납을 신청하여 시간을 벌면서 장기적인 계획에 따라 현금을 조달하여 세금을 납부하는 것이다.

15

상속세 세무조사, 전략이 중요하다
지피지기면 백전백승, 준비한 만큼 줄이는 법

김 사장은 평소 상속세 전문가로 소문난 신 세무사에게 업무를 맡겼다. 신 세무사는 상속세 신고 당시부터 세무조사를 대비하여 많은 준비를 하였으며, 3차 보고서까지 작성한 후 그 보고서에 따라 상속세 신고를 하였다. 그로부터 8개월 후 조사통보를 받은 김 사장은 당황하지 않고 신 세무사에게 이를 전달하였으며, 김 사장과 신 세무사는 사전에 잘 준비된 보고서의 대응 전략에 따라 무사히 조사를 마칠 수 있었다.

◆ 상속세는 세무조사 후 최종 결정된다

대부분의 의뢰인은 상속세 신고와 동시에 세액을 납부하면 업무가 종결되는 것으로 알고 있다. 그러나 상속세는 부가가치세나 법인세 등이 신고주의(납세자가 신고하는 것으로 세액을 확정시키는 제도)를 채택하는 것과는 달리, 정부결정주의(과세관청이 조사하여 세액을 확정시키는 제도) 방식을 취한다. 따라서 상속세 신고를 받은 과세관청은 전수全數조사에 의하여 세금을 결정짓는 것을 원칙으로 한다. 이러한 세무조사는 신고 이후 6개월에서 1년 정도의 사이에 조사가 시작되며, 조사 기간은 3개월 정도 이루어지는 것이 일반적이다. 조사가 종결되더라도 다시 조사 결과에 따른 고지서를 받고 납부가 이루어지기까지는 1~2개월이 소요된다. 따라서 상속세 업무가 완전히 종결되기 위해서는 상속개시일 현재(망자의 사망일)로부터 1년 반~2년 정도의 오랜 시간이 소요된다.

◆ 상속인과 세무사의 커뮤니케이션이 중요하다

고객과 세무사가 오랜 기간 동안 업무를 수행하기 위해서는 서로 간의 소통은 무엇보다 중요하다. 만약 서로 간에 신뢰가 없거나 업무 스타일이 맞지 않는다면, 이는 보통 큰일이 아닐 수 없다. 최초 상담에서부터 사실관계 파악, 보고서 작성, 상속세 신고금액 결정, 조사대비책 수립 및 실제 조사 시 새로운 사실에 대한 대응 방안 모색 등 고객과 업무수행 세무사는 1년 반~2년간 함께 일을 해나가야 하며, 이

때 상호 간의 소통은 다른 어느 것보다 중요하다. 따라서 고객은 상속세 업무를 의뢰할 사무실을 결정하기 전에 업무수행 세무사의 상속업무의 전문성 및 대화하고자 하는 자세, 모든 것을 털어 놓고 믿고 맡길 수 있는지 등을 종합적으로 판단해야 한다.

◆ 조사 대응전략 수립에 초점을 맞추어야 한다

상속세 세무조사는 보통 3개월 정도 이루어진다. 조사 기간이 긴 만큼 상당히 자세하고 넓은 범위를 조사하며, 이 과정 중 상당한 정도의 세금이 신고 당시 납부했던 것과는 별도로 추징되는 상황이 많다. 따라서 상속세 조사는 상속세를 신고할 때부터 염두에 두고 준비해야 한다. 철저한 사전준비와 수차례에 걸친 보고서 작업 등을 거쳐야 비로소 조사 결과에 맞춘 일관성 있는 신고를 수행할 수 있으며, 조사업무 수행 시 사전 준비된 논리로서 대응할 수 있는 것이다.

세액 결정에 있어 많은 다툼이 예상되는 상속 건일 때 과세 공방에 따른 여러 시나리오를 가지고 있어야 한다. 실현할 수 있는 대안을 수립한 후 상속세 신고가 이루어져야 하며, 납세자와 조사자 간 균형 있는 시각을 유지하면서 절세를 끌어내는 것이 중요하다. 결국 상속세 업무수행 시 중요한 것은 세무조사에 대한 대응 전략을 가지고 있느냐며, 이는 궁극적으로 상속세 금액을 결정하는 중요한 변수로서 작용한다.

16

세무조사, 과연 무엇을 조사하는가? 본격적인 상속세 세무조사

김 사장은 아버님이 돌아가신 후 상속세 신고를 정상적으로 마쳤다. 그 후 9개월 즈음 세무조사 통보서를 받고는 담당 세무사의 말대로 '드디어 올 것이 왔구나' 싶었다. 그러나 막상 어떤 내용을 조사하는 것인지 도무지 감이 오질 않는데….

◆ 준비 조사

본격적인 조사에 들어가기 전 담당 조사관은 준비조사 검토표를 작성하며 이때 각종 공부 및 관련서류를 취합한다. 상속세 신고서와 함께 망자의 가족관계증명서, 상속인별 상속재산명세서, 채무·공과금·장례비용 및 상속공제 명세서 등의 필수적인 서류가 첨부되었는지 여부

NTS	세 무 조 사 통 지 서			
납세자 또 는 납 세 관리인	① 성　　　명	홍길동	② 주민등록번호	701225-1111111
	③ 상　　　호		④ 사업자등록번호	
	⑤ 주소 또는 영업소	서울 서초구 서초동 1755-69 와이즈빌딩6층		
통 지 내 용				
⑥ 조사대상세목	상속세			
⑦ 조사대상(상속개시일)	2021년 6월 30일			
⑧ 조 사 기 간	2022년 5월 3부터 ~ 2022년 8월 2까지			
⑨ 조 사 사 유	상속세 결정			
⑩ 조사제외 대상	세목 : 상속세　　과세기간 :　　　　　범위 :			

위의 내용과 같이 세무조사를 실시하게 되었음을 통지합니다. 다만, 「국세기본법」 제81조의 7 제1항 단서의 규정에 의하여 세무조사 사전통지를 하지 아니하였습니다.

2022년　4월　15일

서 초 세 무 서 장　[직인]

이 통지서에 대한 의문사항이 있으시면 조사1과 조사관리팀 ○○○(전화:　　~　)에게 문의하시기 바라며 세무조사와 관련한 불편·애로사항이 있으시면 납세자보호담당관 ○○○(전화:　　~　)에게 문의하여 주시기 바랍니다.

를 점검한다. 이와 함께 특수 관계 여부 등을 쉽게 파악하기 위하여 기본적으로 전체 가계도를 작성하여 가족관계를 파악한다. 상속세 세무조사는 일명 '현미경 조사'라고도 한다. 그만큼 과세관청에서 상속재산을 세밀하게 살펴보아 그에 대한 소명 내역을 요구하기 때문이다.

✚ 금융거래 · 부동산 · 예금자산 조사

금융자료를 중심으로 사망일 현재 10년 이내의 금융거래 내용에 대한 철저한 분석이 이루어진다. 망인과 상속인간의 금융거래 내용에 대한 소명을 요구한다. 이러한 금융조사는 각종 자산, 부채 거래와 함께 이루어지며, 상속세 조사 중 핵심 업무다.

망인과 상속인의 10년간 부동산의 취득 및 처분에 대하여 조사하며 이때 자금의 출처 및 향방을 함께 추적한다. 이에 따라 종종 거래관계가 있었던 자에게 구체적인 거래내용을 조회하거나 확인하는 일이 있을 수 있다. 근저당권, 가등기가 되어 있다면 그 내용에 대해 검토하게 되며, 이와 함께 부동산 평가의 적정성 여부도 검토하게 된다. 예금자산은 사망일 현재를 기준으로 금액의 적정성 및 누락예금 여부, 이자 포함 여부 등을 확인한다.

✚ 비상장주식 · 보험금 · 사업용 자산 조사

비상장주식의 가치평가가 세법상 평가액과 차이가 있는지를 검토하며, 주식거래를 다년간 추적하여 명의신탁 여부 및 금융거래 추적을 통하여 증여성 거래 여부에 중점을 두어 조사하게 된다. 망인이 보험수익자를 상속인으로 해서 납부할 때 당해 보험료 및 보험금을 조사하여 상속 재산에서 누락되었는지를 검토한다. 망인이 개인사업을 했다면 개인사업체의 사업용 자산이 상속세 신고 당시 누락되었는지를 중심으로 조사가 이루어진다. 주된 자산 부채의 변동 내용을 파악하여 실제 거래 여부를 조사하게 된다.

◆ 상속채무 조사

은행 채무는 일반적으로 큰 문제 없이 인정되나 사인 간의 채무는 철저한 입증이 없는 한 쉽게 인정받지 못한다. 망인이 부동산임대업자일 때 임차보증금의 과대계상 여부를 계약 당시로 소급 추적하여 실제 여부를 확인하게 된다.

◆ 차명 자산(타인 명의의 부동산 · 예금 · 주식)의 누락조사

실제는 피상속인의 상속 재산을 타인의 명의로 위장하여 상속 재산에 누락된 부동산, 예금, 주식 등의 소재 여부를 금융거래와 함께 면밀히 검토한다.

17

상속세, 어디에 맡겨야 하지?
상속세 전문 세무사는 따로 있다

김 사장은 아버님의 상속세 신고를 어디에 맡겨야 하는지 고민이다. 평상시 거래하는 세무사는 있지만 영 믿음이 가지 않는다. 믿고 맡길 수 있는 상속세 전문가를 어떻게 찾을지 연구 중이다. 그렇다면 김 사장은 어떤 기준으로 세무사를 결정하면 좋을까?

상속 전문가를
만나는 행운

◆ 진정한 전문가에게 맡겨라

의사도 전문영역이 있듯이 세무사도 전문영역이 있다. 해당 세무사 또는 세무법인이 무엇을 전문으로 하는지 알아보고 상속을 전문으로 하는 사무소에 일을 맡겨야 하는 것은 당연하다. 업무수행 사무소의 선택에 따라 상속 이후 전반적인 방향 및 전체적인 세금 부담이 크게 달라질 수 있기 때문이다. 따라서 단순한 이론보다는 많은 경험과 전문적인 식견을 가지고 있는 전문가의 선택은 상속세 절세의 필수조건이다.

◆ 방문해서 직접 상담한 후 선택해라

사무소에 있다 보면 하루에도 많은 상담 전화를 받게 된다. 그런데 종종 어떤 분들은 세금이 얼마나 되는지 대략적으로라도 얘기해 달라고 한다. 이럴 때 여간 난감하지 않을 수 없다. 왜냐하면 상속세라는 것이 재산 상황, 사전증여재산, 채무 정도 등 여러 내용을 종합적으로 검토하여야 겨우 언저리 금액을 계산할 수 있기 때문이다. 부득이 계산해 달라고 해서 대답해 줄 때 그 금액은 100% 틀린 금액일 수밖에 없다. 결국 전화 상담으로는 정확한 질문도, 답변도 할 수 없다. 이런 이유로 반드시 방문해서 충분히 상담한 후 업무수행 사무소를 선택하는 것이 좋다.

◆ 보고서를 제공하는 곳을 선택해라

상속세 업무는 고객인 상속인과 세무사가 대략 1년 반에서 2년 동안 함께 업무를 해나가게 된다. 이러한 업무를 수행하면서도 고객들에게 제대로 된 보고서를 제공하는 곳은 찾아보기 힘든 상황이다. 보고서에 근거하여 상속세에 대한 계획과 전략이 수립되어야 한다. 이러한 과정없이 상속세 업무를 진행하는 것은 부실 공사로 지어진 건물과도 같다. 어느 부분이 취약한지 진단하고 그에 대한 솔루션을 준비하지 않으면 건물 붕괴를 막을 수 없을뿐더러, 건물 붕괴가 어디서 어떻게 발생할지조차 전혀 예상할 수 없는 것과 같다.

◆ 잘 작성된 보고서는 건물의 설계도와 같다

세금 납부 전에 충분한 시간을 갖고 상속 전문 세무사와 고객 간 원활한 소통과 협의에 따라 작성된 보고서는 고객의 상황에 꼭 맞는 상속세의 전체 흐름 및 중요사항을 모두 포함하고 있을 것이다. 따라서 이때 대부분의 상속인이 납득할 수 있는 세금 부담이 이루어진다. 1차, 2차(복잡한 상속일 때 3차 보고서까지 작성되는 상황도 있음) 보고서의 작성 과정 중 합리적인 세금 부담을 세무사와 상속인이 도출해 낼 수 있으며, 세금 부담을 결정한 후 조사 대응 논리 개발에 보다 집중할 수 있게 된다. 그리고 보고서에 따라 이루어진 신고였다면 설령 신고 후 아주 오랜 시간이 흘러 세무조사 통보를 받았다 할지라도 다시 보고서를 검토함으로써 해당 상속세 신고내용을 어렵지 않게 파악할 수 있으며, 이미 보고된 대응 논리에 따라 관련 쟁점 사항에 철저히 대처할 수 있을 것이다. 준비된 자를 당할 수 없는 것은 세무 조사에서도 당연히 통용되는 진실이다.

상속세 총괄 흐름도

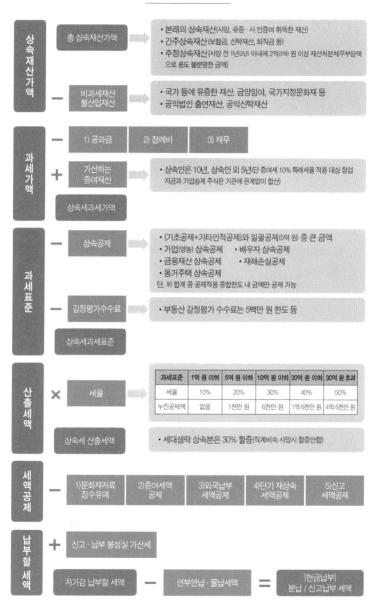

상속재산가액	총 상속재산가액	⇒	• 본래의 상속재산(사망, 유증·사 인증여 취득한 재산) • 간주상속재산(보험금, 신탁재산, 퇴직금 등) • 추정상속재산(사망 전 1년(2년) 이내에 2억(5억) 원 이상 재산처분채무부담액 으로 용도 불분명한 금액)
	− 비과세재산 불산입재산	⇒	• 국가 등에 유증한 재산, 금양임야, 국가지정문화재 등 • 공익법인 출연재산, 공익신탁재산

과세가액	−	1) 공과금	2) 장례비	3) 채무
	+ 가산하는 증여재산	⇒ • 상속인은 10년, 상속인 외 5년(단 증여세 10% 특례세율 적용 대상 창업 자금과 기업승계 주식은 기간에 관계없이 합산)		
	상속세과세가액			

과세표준	− 상속공제	⇒	• (기초공제+기타인적공제)와 일괄공제(5억 원) 중 큰 금액 • 가업(영농) 상속공제 • 배우자 상속공제 • 금융재산 상속공제 • 재해손실공제 • 동거주택 상속공제 단, 위 합계 중 공제적용 종합한도 내 금액만 공제 가능
	− 감정평가수수료	⇒	• 부동산 감정평가 수수료는 5백만 원 한도 등
	상속세과세표준		

산출세액	× 세율	⇒	(세율표)

과세표준	1억 원 이하	5억 원 이하	10억 원 이하	30억 원 이하	30억 원 초과
세율	10%	20%	30%	40%	50%
누진공제액	없음	1천만 원	6천만 원	1억 6천만 원	4억 6천만 원

	상속세 산출세액	• 세대생략 상속분은 30% 할증(직계비속 사망시 할증안함)

세액공제	−	1)문화재자료 징수유예	2)증여세액 공제	3)외국납부 세액공제	4)단기 재상속 세액공제	5)신고 세액공제

납부할 세액	+	신고·납부 불성실 가산세
	차가감 납부할 세액	− 연부연납·물납세액 = [현금납부] 분납 / 신고납부 세액

INHERITANCE TAX

아는 만큼
돈버는 절세 법

01

증여, 마음 내키는 대로
주면 안 되나요?
상속과 증여는 무엇이 다른가?

김 사장은 얼마 전 재산 일부를 자녀와 손주들에게 증여할 요량으로 가족회의를 소집하였는데, 자녀들의 목소리가 커지고 본인들 생각만 하는 것 같아 마음이 영 불편하다. 더 이상 증여 문제에 대해 신경 쓰고 싶지 않지만 그렇다고 마냥 미룰 수만은 없는데….

✦ 상속과 증여는 어떻게 다른가?

상속과 증여는 재산을 아무 대가 없이 무상으로 이전한다는 점에서 서로 같다. 하지만 사망을 원인으로 하여 필연적으로 발생하는 것이 상속이라면, 증여 당사자의 자유의사에 따라 재산 이전을 결정할 수 있는 것이 증여다. 망인의 사망을 원인으로 하는 상속은 당사자 간 그 시점을 선택할 수 없는 반면에, 증여는 재산 이전을 당사자 간 동의만 있다면 얼마든지 사전에 선택할 수 있다는 점에서 양자는 명확한 차이가 있다.

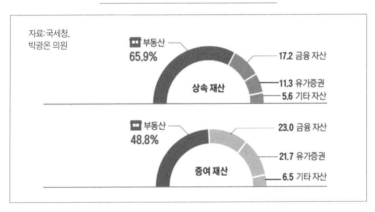

2008~2016년 상속·증여 재산 종류별 비율

✦ 상속과 증여에는 어떤 제반 비용이 지출되는가?

상속이든 증여든 재산 이전을 위한 제반 비용(취득세·농특세·교육세, 국민주택채권 할인액, 법무사 수수료 등)은 양자의 차이가 거의 없다. 그러나 상속세와 증여세는 재산의 크기, 생전 증여 횟수, 배우자 유무 등 각 처한 상황에 따라 큰 차이를 나타낼 수 있다. 이는 상속세와 증여세의 세율이 비록 같을지라도 그 계산구조 및 공제내용이 서로 전혀 다르기 때문이다. 따라서 재산을 이전하고자 할 때 각 상황을 비교 및 분석하여 재산을 생전에 증여할지, 상속재산으로 계속 남겨둘지를 합리적으로 잘 선택하여야 한다.

◆ 상속과 증여 중 어느 것이 더 유리한가?

상속세와 증여세의 세율은 최소 10%에서 최대 50%로 양자가 동일하다. 그러나 세금 계산과정은 상속세가 증여세보다 훨씬 복잡하다. 양자의 단순 비교가 쉽지 않아 상속이 유리한지, 증여가 유리한지는 단적으로 얘기할 수 없다. 망인의 건강 상태, 가족 간에 처한 상황 등 여러 변수를 고려하여 결정하여야 한다. 따라서 모든 상황을 종합하여 판단해야 비로소 제대로 된 판단을 할 수 있다.

◆ 상속보다 증여하는 것이 더 유리한 정도는?

상속세는 망인의 사망 당시 배우자가 있다면 최소 10억 원, 배우자가 없다면 최소 5억 원까지는 과세되지 않는다. 따라서 세 부담을 최소화한다는 측면에서 보면, 적어도 재산이 10억 원 이상(배우자가 없다면 5억 원 이상)일 때는 인플레이션 정도, 재산의 증가·감소 추이, 상속인의 수 등 여러 변수를 고려하여 생전에 증여를 적극적으로 고려해볼 수 있다. 상속이 언제 발생할지 정확히 예측하는 것은 불가능하므로 마냥 돌아가시길 기다릴 수는 없는 점, 재산평가의 일반적인 표준이 되는 기준시가는 매년 상승하는 것이 일반적이라는 점, 게다가 재산을 증여받지 않은 상태에서는 자식들의 운신 폭이나 경제적인 활동이 원활치 않은 점, 증여한 후 10년이 지난 후에 사망했다면 증여재산가액은 상속재산에 포함되지 않는 점 등으로 인해 증여를 적극적으로 검토하는 것이 필요하다.

한편 증여하더라도 전체 재산에서 상속공제의 최소액 5억 원(돌아가실 분의 배우자가 있는 상태라면 10억 원)은 상속재산으로 꼭 남겨 두어야 함을 잊지 말자.

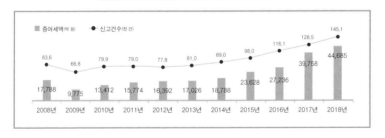

2008~2018년 증여세 신고 현황(과세미달 제외)

증여, 준비한 만큼 잘할 수 있다
증여 전에 먼저 고려해야 할 것

자산가인 김 사장은 주변에서 상속 분쟁으로 다투는 모습이나 상속에 대한 아무런 준비도 하지 못해 남겨진 유족들이 곤란해지는 상황을 자주 접했다. 따라서 자신은 상속을 미리 준비해야겠다고 생각하던 차에 지인으로부터 건강할 때 배우자와 자녀들에게 증여하는 것도 상속을 준비하는 한 가지 방법이라는 얘기를 듣게 되는데….

◆ 증여목적을 명백히 한 후 절세 대안을 찾아라

증여하고자 한다면 그 목적이 무엇인지를 사전에 명백하게 해야 한다. 증여목적이 명백하면 할수록 증여 여부를 결정하는 것이 보다 쉬워진다. 예를 들면, 상속세 및 소득세 절세전략을 위한 증여, 자녀의 경제부담 완화를 위한 증여, 재산의 포트폴리오 차원의 증여 등 구체적인 목적이 있어야 한다.

증여자가 자신의 적극적인 의사 표현이나 증여목적 없이 단지 배우자·자녀 및 타인의 강요에 의하여 마지 못해 하는 증여는 주의하여야 한다. 이러한 증여는 증여한 사람이 후회할 가능성이 크다. 한번 증여한 재산은 충분한 사유가 아니면 돌려받기 어려우며, 다시 돌려받기 위하여 소송까지 불사하는 일도 종종 발생하므로 증여 결정 당시 신중히 처리해야 한다.

증여목적을 명백히 설정하였다면 그 목적을 실행하기 위한 여러 안을 검토하여 최적의 대안을 찾아야 한다. 그리고 이에 따른 각 방법의 세 부담액을 비교하여 최적의 절세방안을 마련하여야 한다. 예를 들어 오랜 기간을 함께 살아온 배우자에게 감사의 표시로 재산을 증여하고 싶다면 배우자 공제금액(6억 원)까지만 증여할 것인지, 그 이상의 금액을 증여할 것인지, 아니면 향후 부동산 취득 시 배우자와 공동명의로 하는 것을 활용할 것인지 등 여러 방법을 생각해 볼 수 있다.

✦ 증여를 계획하고 있다면 서둘러라

증여세는 재산을 증여받은 사람(수증자)이 납부하여야 한다. 수증자가 납부하여야 할 증여세를 증여자가 대신하여 납부한다면 그 대신 납부한 세금 역시 또 다른 증여로 보아 증여세가 부과된다. 증여세는 세율이 높아 세금의 액수 자체가 크며, 추가로 발생하는 취득세, 등기비용 등 제반 비용도 적지 않아 예상되는 비용이 상당히 크기 때문에 선뜻 결정하기 어려운 것이 사실이다.

그러나 기왕에 증여를 계획하고 있다면 빠를수록 좋다. 특히 증여재산은 상속재산에 가산하여 상속세를 계산하기 때문에 더욱 그렇다. 자녀나 배우자에게 사망일 이전 10년 이내에 증여한 재산은 다시 상속재산에 합산하여 상속세를 매기고 증여 당시 납부한 세액은 상속세에서 차감하도록 규정하고 있으므로, 이 규정을 적용받지 않기 위해서라도 증여는 빠를수록 좋다.

✦ 도움받을 전문가를 사전에 정해라

증여하기 위해서는 여러 법률문제와 세법문제가 발생한다. 요즘은 인터넷이 발달하여 증여와 관련된 정보를 그리 어렵지 않게 습득할 수 있으나 이는 어디까지나 정보 수준임에 불과한 것이고, 이를 실무에 적용하여 사례별로 검토하기는 결코 쉬운 일이 아니다. 여러 상황에 따라 결과치가 달라지기 때문이다. 따라서 믿을 수 있는 전문가, 특히 상속과 증여를 전문 분야로 하는 전문가의 조력을 충분히 받아 처

리하는 것이 훨씬 유리한 결과를 가져올 수 있다는 것에 주의하길 바
란다.

03

증여한다고 다 절세일까?
절세하는 증여 방법은 따로 있다

김 사장은 미리미리 증여해야 절세할 수 있다는 얘기만 듣고 작은 아들에게 5억 원의 아파트를 증여하려고 한다. 이럴 때 약 8천여만 원의 증여세를 납부해야 한다고 하는데, 이렇게 하는 것이 맞는 것인지 판단이 잘 서질 않는다. 도대체 어떤 종류의 재산을 어떤 방법으로 증여해야 할지 고민이다.

✦ 현금보다는 부동산을 증여해라

현금이나 예금, 채권 등 금융재산은 실제 액면에 표시된 금액으로 증여재산이 평가되기 때문에 시가가 그대로 반영되는 반면, 아파트를 제외한 부동산(상가, 토지, 빌라, 단독주택 등)은 세법상 시세보다 대략 20%에서 50%까지 낮은 가격으로 평가된다. 그러므로 현금, 예금 등으로 증여하는 것보다 부동산으로 증여하는 것이 증여세를 더 줄일 수 있다.

✦ 임대소득이 크거나 지가 상승이 예상되는 부동산을 증여해라

임대소득이 있는 부동산을 먼저 증여할 때 증여받는 자는 부동산 임대소득을 추가적으로 얻게 되어 증여재산 이외에도 소득의 증대 효과가 있으며, 증여자는 소득을 증여받은 자에게 분산시킴으로써 증여 이전보다도 낮은 소득세율을 적용받을 수 있는 유리한 점이 있다.

망인의 사망일로부터 10년(상속인이 아닌 자에게 증여한 재산은 5년) 이내에 증여한 재산은 상속재산에 합산하여 상속세를 계산한다. 이 때 증여 재산은 망인의 사망일이 아닌 증여 당시의 시가로 평가한 금액을 그대로 합산한다. 따라서 향후 가격 상승이 예상되는 재산은 과감히 증여하는 것이 좋다. 증여 이후 가격이 크게 상승한다면 가격 상승의 효과는 모두 증여받은 자에게 귀속되며, 이때 적은 부담의 증여세로 재산 이전 효과가 크게 나타난다. 특히 아파트에 비하여 토지가 더욱 그러한데, 이러한 토지를 증여할 때 일반적으로 개별공시지가로 평가하여 증여세를 계산하게 되므로 세금 부담은 줄이면서 증여로 인한 재산 이전 효과는 커지게 된다.

✦ 여러 수증자에게 10년 단위로 증여해라

자녀나 배우자에게 사망일로부터 10년 이내에 증여한 재산은 다시 상속재산에 합산하여 상속세가 계산된다. 만약 자녀가 아직 어리다면 여유자금을 지금부터 미리 증여하는 것이 필요하다. 수증자가 동일한 증여자로부터 여러 번에 걸쳐 증여받았을 때는 10년 이내 증여받은 재산을 합하여 증여세를 계산한다. 그러므로 수증자를 2인, 3인으로 하여 증여할 필요가 있다. 예컨대 이제 막 결혼한 아들에게 주택취득 자금을 증여하고 싶다면, 아들뿐 아니라 며느리에게도 적극적으로 증여하는 것을 고려해 볼 필요가 있다. 증여세는 아들과 며느리 각각의 수증자별로 계산되므로 증여재산공제를 각각 적용받게 되며, 각각 최저세율인 10% 단계부터 시작할 수 있게 되어 아들에게만 증여하는 것보다 증여세 부담이 줄어들기 때문이다.

✦ 여러 증여자로부터 10년 단위로 나눠 받아라

증여세는 재산을 여러 명의 수증자에게 증여하여 절세할 수도 있지만, 증여자(재산을 주는 자)를 여러 명으로 하는 것도 절세의 한 방법이 될 수 있다. 예를 들어 신혼부부에게 주택 구입자금 4억 원을 증여하고자 할 때, 단순하게 신랑은 신랑의 부모로부터 2억 원을 증여받고 신부는 신부의 부모로부터 2억 원을 증여받는 것보다는, 신랑이 신랑의 부모와 장인·장모로부터 각각 1억 원씩 나누어 2억 원을 증여받고 신부가 자신의 부모와 시부모로부터 각각 1억 원씩 나누어 2억 원을 증여받는 것이 세금 부담 측면에서 약 1천2백만 원 정도 절세할 수 있게 된다.

 어떻게 증여해야 하는가?(지금 증여할까, 나중에 상속할까?)
https://blog.naver.com/sangsokse0/222699451294

04

증여세를 직접 계산해 볼 수 있을까?
증여세의 계산 구조

◆ **남편이 부인에게 10억 원의 부동산을 증여하였다면
증여세는?**

> 1 증여세 과세표준 : 4억 원 [10억 원 - 6억 원(증여재산 공제)]
>
> 2 증여세 산출세액 : 7천만 원 [4억 원×20% - 1천만 원]
>
> 3 증여세 납부세액 : 6천7백9십만 원 [7천만 원 - 2백1십만 원(신고세액 공제)]

증여세과세가액	증여세과세가액 = 증여재산가액 - 증여채무
(-) 증여재산공제액	부부일 때 6억 원, 자녀일 때 5천만 원(미성년자 2천만 원)*을 공제함
= 과세표준	
× 세율	10~50% 5단계 초과 누진세율
= 산출세액	
(-) 신고세액공제	증여세 신고 시 3%를 산출세액에서 공제함
= 증여세 납부세액	

* 자세한 내용은 'PART 5. 아는 만큼 돈버는 절세법 〈증여세 총괄 흐름도〉' 참조

◆ 증여세는 돈으로 환산할 수 있는 모든 재산에 부과한다

증여세는 가치 있는 모든 물건 또는 권리 등을 타인으로부터 무상으로 이전받은 것에 대하여 부과하며, 가족관계 및 친인척관계가 없는 사람으로부터 증여받은 때에도 부과된다. 따라서 대가관계 없이 공짜로 받은 모든 재산은 증여세 과세대상에 해당한다.

◆ 동일인으로부터 여러 차례 증여받았다면 10년간 합산한다

증여일 전 10년 이내에 동일인으로부터 받은 증여재산가액을 합친 금액이 1천만 원 이상일 때 그 가액을 증여재산에 더한다. 이는 고율의 누진세율을 회피하기 위하여 증여금액을 나누어 증여할지라도 세부담의 차이가 나타나지 않게 하기 위한 것이다. 예를 들어 동일인으로부터 5년간 10억 원을 3차례 나누어 증여받거나 단 한 차례 10억 원

을 증여받거나 부담하는 증여세 총액은 동일하게 된다. 한편 예외적으로 세법은 자녀가 부와 모로부터 각각 증여받은 때에는 한사람으로부터 증여받은 것으로 보는 것에 유의한다. 자녀가 10년 동안 아버지 또는 어머니로부터 증여받는 재산에 대해서는 부와 모를 동일인으로 보아 모두 합산하여 높은 증여세율을 적용한다.

◆ 부부간의 증여는 6억 원을 공제해준다

부부 간 증여 시 10년 이내의 기간 동안 6억 원을 공제한다. 배우자는 재산형성에 따른 기여가 매우 크며, 증여 성격보다는 부부 공동 소유의 재산을 안분하는 것에 가깝다는 시각의 반영으로서 배우자공제는 다른 것 보다 비교적 큰 금액을 공제하고 있다. 한편 이와 같은 6억 원의 공제는 자산을 받는 자(수증자)가 어디까지나 거주자에 해당하며, 법률상의 배우자를 의미하는 것으로 동거와 같은 사실혼 관계에 있는 자는 배우자 공제를 적용받을 수 없다.

◆ 기타의 증여재산공제

직계존속(윗세대)과 직계비속(아랫세대)이 서로 증여할 때 5천만 원 (수증자가 미성년자라면 2천만 원)을 공제해 준다.

기타 친족으로부터 증여받았을 때는 1천만 원을 공제한다. 시부모와 며느리 관계, 장인·장모와 사위 및 사촌 관계는 기타 친족 관계에 속하며, 친조부모·외조부모와 손자 사이는 직계존비속 관계에 속한다.

금쪽같은 자녀에게
잘 증여하는 방법은?
절세하는 증여설계

김 사장은 젊어서부터 사업에만 매진했고, 이제는 번듯한 중소기업의 대표가 되었다. 마흔을 넘긴 나이에 눈에 넣어도 아프지 않을 것 같은 소중한 딸아이를 얻었다. 그는 아이만큼은 자신처럼 고생하는 것을 바라지 않았기 때문에 지금부터 재산의 일부를 아이 몫으로 돌려놓으려고 하는데….

✤ 현명한 부모가 되려면 미리부터 계획한다

증여는 전혀 모르는 타인을 대상으로 하기보다는 자녀나 배우자에게 하는 경우가 대부분이며, 부부간의 증여보다는 부모가 자녀에게 하는 일이 월등히 많다. 이는 세대 간 원활한 부의 이전을 미리 계획하고 준비하는 사람들이 점차 늘어나고 있음을 나타내는 현상이다. 부모가 자녀에게 재산을 증여할 때 증여재산가액에서 5천만 원(미성년자는 2천만 원)을 공제해 주고 있다. 공제액은 10년 단위로 증여재산가액에서 5천만 원을 공제하므로, 최초 증여 후 10년이 지난 후 5천만 원 내에서는 증여세 없이 다시 증여할 수 있다.

✤ 10년 이내 증여받은 재산은 모두 합산해서 과세한다

수증자가 동일한 증여자로부터 여러 차례 증여를 받을 때 10년 이내의 증여재산을 모두 합산하여 증여세를 부과한다. 따라서 수증자가 여러 차례 재산을 증여받더라도 각기 다른 사람으로부터 받았다면 해당 재산과 다른 증여재산을 합산하여 증여세를 부과하지 않는다.

✤ 부모가 세금을 대신 납부하면 또 증여세가 나온다

앞서 증여세는 재산을 증여받은 자(수증자)가 납부해야 한다고 했다. 만약에 재산을 증여한 자가 증여받은 자의 증여세 및 취득세 등을 대신해서 납부해 줄 때는 어떻게 될까? 이때 그 납부 금액을 또 증여한 것으로 보아 그 금액에 대하여 증여세를 부과할 수 있다. 따라서 세금 및 증여에 관련한 기타 부대 비용(예: 증여세, 취득세, 국민주택채권할인료 등)을 부모가 대신 납부하면 또 다시 증여세를 납부하여야 할 상황이 벌어질 수 있음에 유의한다. 그리고 이때에는 미신고 및 미납부에 따른 가산세까지도 부담하여야 하므로, 증여세 및 등기이전 비용을 부담할 능력이 없는 사람에게 부동산 등을 증여할 때는 이러한 부대비용을 부동산 증여와 함께 반드시 고려하여야 한다.

06

재산을 증여했는데
양도소득세를 내야 하다니?
부담부증여로 세금을
대폭 줄일 수 있다

김 사장은 소유 중인 여분의 아파트를 결혼할 아들에게 증여하면서 아파트를 담보로 빌린 대출금도 함께 이전하려고 한다. 김 사장은 이와 같은 부담부증여의 경우 담당 세무사에게 증여세와는 별도로 양도소득세를 납부해야 한다는 얘기를 듣게 되는데….

세금 아빠가 낼게

◆ 부담부증여는 증여와 양도가 동시에 발생한 것으로 본다

부담부증여란, 수증자가 증여자로부터 채무가 담보된 재산을 증여 받음과 동시에 그 증여재산에 담보된 채무를 함께 인수하는 것을 말한다. 증여재산에 담보된 채무를 그 증여재산과 함께 인수하기로 하는 부담부증여는 증여재산가액에서 인수한 채무액을 차감한 가액에 대하여 증여세를 과세하며, 그 인수채무액에 대하여는 양도소득세를 과세하게 된다. 이처럼 부담부증여에 대하여 세법은 2가지 행위가 동시에 발생한 것으로 보고 있다.

앞의 사례와 같이 대출금이 포함된 아파트를 이전했을 때 아들이 아버지로부터 아파트(보다 엄격히 말하면 아파트 평가액에서 대출금을 차감한 금액)를 무상으로 받았기 때문에 이는 증여에 해당하며, 아버지는 자신의 채무를 아들에게 이전한 것이기 때문에 그 부분만큼은 양도에 해당한다는 것이다.

◆ 일반적인 증여보다 부담부증여가 세금 측면에서 유리한 경우가 많다

상속세나 증여세는 재산가액이 크면 클수록 세액이 급진적으로 증가하는 초과누진세율 방식이다. 증여 시에는 10~50%의 증여세 세율을 적용하나, 부담부증여일 때는 순수증여 부분(전체재산-채무인수액)에는 10~50%의 증여세 세율을, 채무인수 부분에 대하여는 6~45% 소득세

세율을 적용하므로 단순 세율비교에서도 부담부증여가 유리하다.

부담부증여를 하면 증여자가 양도소득세를, 수증자는 증여세를 나누어 내는 효과를 볼 수도 있다. 그러나 소유한지 오래된 부동산을 증여했을 때 등 예외적인 상황에서는 오히려 단순 증여가 부담부증여보다 유리할 수 있다. 따라서 실무에서는 전문가의 도움을 받는 것이 필요하다.

◆ 부담부증여로 인정받으려면 채무 사실의 존재를 입증해야 한다

부담부증여는 그 부동산에 담보된 채무가 실제로 존재하여야 한다. 수증자가 증여자의 채무를 인수한 때에도 당해 채무가 채무부담계약서, 채권자 확인서, 담보 설정 및 이자지급에 관한 증빙 등에 의하여 당해 채무의 존재 사실을 명백히 확인할 수 있을 때만 부담부증여로 인정된다.

◆ 사후관리에 주의한다

부담부증여는 국세청이 채무를 실제로 수증자가 인수하였는지를 사후관리하고 있다. 일정 기한이 지나거나 은행부채를 상환한 이후 수증자가 실제로 채무를 상환하였는지 소명하라고 요청한다. 만약 부담부증여에 의하여 재산과 채무를 이전받았으나, 그 채무액을 증여자(예:아버지)가 수증자(예:아들)를 대신하여 상환하였다면 그 상환한 채무는 또 다른 증여로 보아 별개로 증여세가 부과될 수 있다. 특히 미성년자나 재산과 소득이 없는 자녀에게 부담부증여하고 부모가 채무에 대한 원금과 이자를 대신 갚지 않도록 주의해야 한다.

부담부증여 개념과 유의사항

부담부증여의 개념

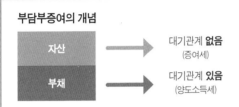

일반 증여와 부담부증여의 비교

구분	증여	부담부증여
세금 부담	증여세	증여 부분 : 증여세 채무 부분 : 양도소득세
부담의 주채	증여받는 사람	증여 부분 : 증여받는 자 채무 부분 : 증여하는 자
사후 관리	증여세 납부 현금흐름 중요	채무 부분의 실질 사후관리가 중요

부담부증여의 조건
- 채무 부담이 당초 증여자의 것일 것
- 증여일 현재 담보된 채무가 있을 것
- 증여를 받은 사람이 반드시 그 채무를 갚을 것

교육비 명목으로 받아 주택자금으로 활용해도 되나요? 교육비·생활비에 대한 증여 여부 판단

김 사장은 최근 신문에서 우리나라 사교육비에 너무 많은 금액이 들어간다는 기사를 읽고 해외 유학 중인 대학생 딸이 낯선 땅에서 고생하는 모습이 떠올랐다. 그러다 문득 적지 않은 유학자금을 송금했는데 어디까지가 순수하게 교육비와 생활비로 인정되는지 의문이 생겼다.

◆ 부양의무가 있는 사람이 교육비·생활비를 지급하여야 한다

부모가 자녀를 위해 지출하는 교육비와 생활비, 특히 자녀를 위하여 부모가 대신 지급하는 학자금, 유학비용은 결코 적은 돈이 아니다. 과연 이러한 자금도 자녀에게 증여한 것으로 보아 증여세의 대상이 되는 것일까? 자녀가 미성년자이거나 설령 미성년자가 아닐지라도 경제적으로 자립할 수 있는 정도의 수입이 없는 자녀는 부모가 당연히 부양해야 한다.

그러나 자녀가 경제적 능력이 충분히 있어 독립된 생활을 할 수 있고 달리 부양의무를 부담하지 않아도 되는데 부모가 교육비·생활비를 주는 것은 증여세 과세 대상이 됨에 주의하여야 한다.

할아버지가 손자·손녀의 학자금이나 유학경비를 보조해 주었을 때 조부에게 손자·자녀를 부양할 의무가 없다면 손자·손녀의 교육비·생활비는 증여세 과세 대상이 된다. 일반적으로 손자녀의 부모가 생존해 있다면, 할아버지에게 부양의무가 없다고 보기 때문이다. 다만 예외적으로 손자·손녀의 부모가 질병·장애 등의 불가항력 사유로 인하여 생계를 책임지지 못하는 상황에서 할아버지가 그 가족 모두의 생계를 책임질 때는 증여로 보지 않는다.

◆ 실제 교육비·생활비로 사용되어야 한다

부양의무자 상호 간의 생활비 또는 교육비로서 통상 필요하다고 인정되는 현금을 필요시 마다 지급할 때 증여세가 과세되지 아니하는 것이나, 생활비 또는 교육비의 명목으로 지급한 금액을 예금·적금을 하거나 토지·주택 등의 매입자금 등으로 사용할 때에는 증여세가 과세된다. 따라서 학자금 등의 명목으로 받아 생활비·교육비에 사용하지 않고 이를 투자자금으로 활용하거나 주택 등의 구입자금으로 사용할 때는 증여세 과세대상이 된다.

✦ 사회통념상 타당한 범위 내의 금액을 지급하여야 한다

교육비·생활비 등으로 지급하는 금액이 '사회통념상 타당한 범위 내의 금액'이어야 한다. 사회 통념상 타당한 범위 내의 금액이라는 것은 여러 가지 사정을 따져보아 보편타당한 금액을 말하는 것으로써 예를 들어 1년 학자금이 1천만 원이 소요되는데, 2억 원을 송금하였다면 이는 보편타당한 금액이라 볼 수 없으므로 상당 부분은 증여성 자금으로 과세된다고 보아야 한다. 법률이나 판례에서는 교육비·생활비의 한도금액을 정확하게 규정하고 있지 않아, 교육비·생활비와 관련하여 조세 분쟁이 종종 발생하기도 한다.

결혼자금, 학자금, 생활비의 증여기준은?
https://blog.naver.com/sangsokse0/222210173915

08

결혼자금·축의금·부의금도 증여인가요?
결혼자금의 증여 여부 판단

김 사장은 딸아이의 결혼준비로 예물과 혼수 등을 알아보느라 바쁜 시간을 보내고 있다. 떠나보낼 딸아이 생각에 서운하기도 하지만 그럴수록 결혼준비를 손수 해야겠다는 생각이다. '고급승용차를 한 대 사줄까? 증여세는 문제 되지 않을까? 과연 결혼 비용의 범위가 어디까지일까?'라는 여러 의문이 남는데….

Wedding

◆ 자녀의 결혼 자금 설마 이것도 증여인가?

자녀의 결혼을 위하여 부모가 예단·예물 및 혼수 등을 준비하여 원활한 결혼생활을 할 수 있도록 결혼자금을 지원하는 것은 예로부터 이어져온 결혼 풍습이다. 따라서 세법은 부모 세대가 자녀 세대를 위하여 지급한 결혼비용에 대해서는 일반적인 풍속에 의한 것이므로 증여세를 과세하지 않고 있다.

최근 전세자금 마련의 어려움이 미혼 남성에게 상당한 스트레스로 작용하고 있다는 조사 결과를 접한 적이 있다. 사실상 20대 후반에서 30대 중반인 미혼 남성이 결혼자금과 전세자금을 자기의 힘으로 마련하기에는 그 금액이 부담스러울 수 있다. 그렇다면 분명 부모로부터 도움받아 마련하는 것이 일반적일텐데 과연 결혼자금은 얼마까지 지원해야 증여세 문제가 없을까?

결혼자금의 증여성 여부와 관련하여 판례는 일상에 필요한 통상의 가사용품 구입비용을 초과한 혼수비용 등 일체의 결혼자금은 증여세 과세대상이라고 보고 있다. 대법원 판례는 '결혼 시 지출하였다고 하더라도 혼수비용은 일상생활에 필요한 통상의 가사용품 구입에 한하며, 이를 초과하는 호화 사치용품이나 주택, 차량 등의 혼수는 그 자체가 증여의 수단이 되는 것이므로 이를 증여세 과세가액에 포함시킴이 마땅하다'고 판시하고 있다.

결국 결혼자금 등에 대하여 증여세 문제가 발생하였을 때는 원칙적으로 일상에 필요한 가사용품 등의 구입 외에 전세 자금, 주택구입 자

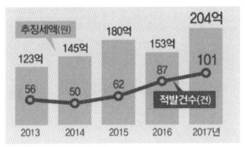

2013~2017년 전세금 편법 증여 적발 현황

추징세액(원)

123억 145억 180억 153억 204억

56 50 62 87 101

적발건수(건)

2013 2014 2015 2016 2017년

자료:국세청, 김상훈 의원실

금, 차량취득 자금 등은 증여세로 과세할 수밖에 없다는 것에 유의하여야 한다.

✛ 마음을 담아 전하는 축의금과 부의금도 과세되나?

친인척 및 지인이 결혼하거나 사망하면 지출하는 축의금과 부의금은 오랜 기간 우리 사회가 지켜온 풍습임이 틀림없다. 그런데 이 역시 일정 금액까지는 증여로 보지 않으나 그 금액이 사회 통념에 벗어나는 경우 증여세를 부과하고 있다. 그렇다면 '과연 얼마까지가 증여세로 문제되지 않는 금액인가?'라는 의문이 생긴다. 이에 대하여 국세청 해석은 '20만 원 미만의 축의금에 대하여는 증여세를 부과하지 아니한다'는 입장이나, 세법은 증여세 과세표준이 50만 원 미만이면 증여세를 부과하지 않도록 하고 있기 때문에 증여자별로 50만 원까지의 축의금과 부의금에 대해서는 증여세 문제가 없다. 그러나 축의금·부의금이 눈에 띄는 거액일 때는 증여 문제가 발생할 수 있다.

이혼하는 데도 세금문제가?
재산분할과 위자료에 대한
증여세 문제

　김 사장의 부인은 70세의 고령임에도 불구하고 김 사장과 이혼을 협의 중이다. 협의가 잘 되지 않으면 현재 재산의 50%에 대한 재산분할을 소송으로 청구할 생각이다. 그런데 지인으로부터 이혼소송을 하게 될 때 이혼사유를 누가 제공했는지에 따라 재산분할과 별도로 상당한 정도의 위자료를 부담할 수도 있다는 얘기를 들었다. 게다가 여차하면 세금 문제도 있을 수 있다고 하는데….

✦ 이혼은 재산분할청구 및 위자료청구를 동반한다

이혼은 부부 사이의 재산관계를 청산 및 정리하는 과정을 동반한다. 일반적으로 한 가정의 재산형성은 부부 중 한 사람만의 노력에 의한 것이라기보다는 부부의 공동노력에 의한 것으로 보기 때문에, 이혼시 부부 각자의 재산형성 기여도에 따라 각자의 몫에 해당하는 재산분할을 상대방에 대하여 청구할 수 있는 권리로 인정하고 있다. 이를 '재산분할청구권'이라고 한다. 한편 이와는 반대로 위자료는 이혼 사유를 제공한 사람이 상대 배우자에게 정신적, 물질적 보상을 하는 것으로서 이혼 사유를 제공한 사람이 자기 재산을 지급할 의무를 지게 된다.

✦ 이혼으로 지급받은 분할재산 및 위자료, 과연 증여세 문제는 없나?

재산분할의 실질은 공유물의 분할에 해당하며, 이혼을 사유로 혼인 중 부부 쌍방의 협력으로 형성된 공동재산을 청산하는 것이다. 부부의 재산이 부부 중 어느 한 사람의 소유로 되어 있지만 사실상 공동소유 재산을 분할하여 자신의 재산에 해당하는 지분을 자신이 다시 찾아 오는 것이므로, 타인으로부터 무상으로 재산을 이전받은 것이 아니어서 증여로 보지 않는다. 그러나 이를 이용하여 법원에 이혼 조정을 신청한 후 법원의 이혼 조정조서에 따라 이혼하지 아니한 상태에서 재산을 분할하였거나, 위장이혼으로 재산을 분할했을 때는 증여세가 부과될 수 있음에 유의하여야 한다. 이는 증여세를 회피하고자 한

거짓행위로 보기 때문이다.

부부가 이혼할 때는 혼인파탄에 대하여 책임 있는 배우자 일방은 상대방이 입은 정신적 고통에 대하여 손해를 배상할 책임이 있다. 협의 이혼이든 재판상 이혼이든, 이혼에 관한 책임이 있는 배우자는 상대방에게 위자료를 지급할 책임이 있으며, 세법은 이혼에 따른 손해배상의 대가로 받는 위자료 역시 증여로 취급하지 않는다.

◆ 이혼에 의하여 위자료로 지급한 부동산은 양도소득세 를 과세한다

손해배상에 대한 대가로 지급하는 위자료는 법원에서 지급하도록 강제하거나, 쌍방 합의에 의하여 지급하기로 한 새로운 채무다. 채무를 변제할 목적으로 대가를 지급하는 것은 대가관계가 있는, 다시 말해 반대급부가 있는 거래에 해당되므로 이혼에 의하여 위자료 대가로 부동산을 이전할 때는 양도소득세가 과세된다는 것에 유의한다. 결국 위자료 지급의무자가 손해배상에 해당하는 위자료를 현금성 자산이 아닌 부동산으로 지급할 때, 자산의 유상 양도에 해당하여 자산을 이혼한 배우자에게 유상으로 양도한 것으로 보아 부동산을 위자료로 지급한 자에게 양도소득세를 부과하게 된다.

부모와 자식 간 거래는 인정하지 않는다? 배우자·부모자식 간 양도한 재산의 증여 추정

김 사장은 몇 해 전 어머니가 임대 중이던 아파트 한 채를 임대보증금을 함께 인수하는 조건으로 자신이 총 5억 원에 매수하였는데, 최근 관할 세무서로부터 해당 아파트의 매매와 관련하여 거래 사실을 입증하라는 안내문을 받았다. 안내문에는 아파트 거래대금의 지급 사실을 적정하게 입증하지 못할 경우에는 김 사장에게 증여세가 부과될 수도 있다는 내용이 기재되어 있는데…

◆ 부부·부모자식 간의 거래는 일단 매매로 인정하지 않는다

부부·부모자식 간에는 서로 대가없이 물건 등을 증여하는 일이 일반적이며 오히려 대가를 주고받는 일이 이상하게 받아들여질 수 있다. 그러나 살다보면 부부·부모자식 간에도 부득이하게 부동산을 거래하는 상황이 있을 수 있는데, 이때 세법은 이를 순수하게 받아들이지 않고 일단은 가족 간 증여가 있는 것으로 추정하며, 납세자가 증여가 아니라 매매 사실이 있었다는 것을 철저하게 입증했을 때만 비로소 매매로 인정해준다.

일반적으로 양도소득세가 증여세에 비해 세금이 적다. 이와 같은 점을 이용하여 실제로는 재산을 증여하였으나 거짓으로 양도한 것처럼 꾸며 세금 부담을 회피하는 행위를 근절하기 위한 세법상 고육지책 중 하나가 바로 '부부·부모자식 간 양도를 증여로 추정하는 규정'이다. 여기서 부부의 범위에는 법률상의 부부를 의미하며 사실혼 관계에 있다면 이에 해당하지 아니한다. 형제자매 또는 기타친족 간의 거래에 대하여는 별도의 언급이 없는데, 이는 그 긴밀함이나 이해관계의 일치 정도가 배우자나 부모와 자식 간에 비하여 상대적으로 적으며, 증여 추정의 대상 범위를 무분별하게 확장할 때 납세자의 권익이 침해받을 수 있으므로 그 대상에서 부득이하게 제외하였다.

◆ 거래 사실을 명백히 입증한 것에 한하여 증여로 보지 않는다

부부 간이나 부모자식 간의 부동산 거래에 대해서는 이를 매매로 인정하지 아니하고 우선적으로 증여로 추정한다. 그러나 부부나 부모 자식 간에 서로 대가를 지급하고 양도한 사실이 실제로 있을 수도 있다. 따라서 다음과 같이 그 거래사실이 명백히 인정될 때에는 증여로 추정하지 아니하고 양도로 인정한다.

1 권리의 이전이나 행사에 등기·등록을 요하는 재산을 서로 교환한 때

2 재산취득을 위해 이미 과세받았거나 신고한 소득금액으로 그 대가를 지급한 사실이 입증될 때

3 상속재산이나 증여받은 재산으로 그 대가를 지급한 사실이 입증될 때

4 재산취득을 위해 소유재산의 처분금액으로 그 대가를 지급한 사실이 입증될 때

그러나 막상 과세당국의 소명 요청이 있을 때 누구라도 인정할 수 있는 객관적인 증빙을 제시하기가 쉬운 일은 아니다.

11

증여한 재산을 다시 가져왔는데, 증여세를 또 낸다고? 증여재산의 반환, 알고 하면 이득 모르고 하면 손해

김 사장은 어여쁜 손녀들을 위해 딸에게 상가건물을 증여하고 손녀들이 장성한 때에 요긴하게 쓰겠다고 딸에게 굳게 다짐받았으나, 최근 딸이 남편의 사업자금으로 쓰기 위해 상가건물을 매물로 내놓은 사실을 알게 되었다. 화가 머리끝까지 난 김 사장은 상가건물의 소유권을 다시 가져와 사건이 일단락되었다고 생각했으나, 얼마 전 관할 세무서로부터 증여세 고지서를 받고 당황해하는데….

◆ 증여재산의 반환은 당초에 증여받은 재산을 그대로 반환해야 인정된다

김 사장의 예처럼 증여 후 어떤 이유로 증여재산을 다시 되돌려 받는 일이 있을 수 있다. 이때 증여재산의 반환은 당초에 증여받은 재산을 그대로 반환받아야 한다. 아무리 가치가 동등한 재산의 반환이라 하더라도 증여받은 재산과 동일한 재산이 아닌 다른 재산으로 반환하였다면 증여세가 취소되기는커녕 새로운 증여로 보아 반환하는 재산에 대하여 오히려 또 증여세가 부과될 수 있다는 것에 주의한다. 예를 들어 아파트를 받은 후 토지를 돌려주는 경우를 들 수 있다.

◆ 금전의 반환은 인정되지 않는다

증여재산이 금전(현금)이라면 증여재산의 반환을 인정하지 않는다. 오히려 해당 금전의 반환에 대해 다시 새로운 증여가 있는 것으로 보아 증여세를 또 한 번 부과한다. 이는 현금의 증여와 그 반환에 대해서는 그 사실 내용을 추적하기가 매우 어려운 점을 반영하여 규정된 것이다.

◆ 증여재산을 되돌려 주었을 뿐인데 왜 또 증여세를 내야 하는가?

증여재산이 반환되면 결국 수증자가 증여받은 재산은 없는 것이므로 증여세도 취소된다. 그러나 여기서 주의하여야 할 것은 '증여재산의 반환 기간'이다. 증여재산의 반환에 대하여 일정 시점을 기준으로 증여세 과세여부가 극명하게 엇갈리기 때문이다. 만일 증여재산의 반환에 대하여 별다른 제약이 없다면, 증여세를 성실히 신고하는 납세자는 아마 거의 없을 것이다. 일단 증여한 후 증여세 신고납부를 누락하였다가 증여가 포착되어 증여세가 부과되면 증여재산을 반환해버릴 것이며, 증여가 포착되지 않으면 의도한 대로(?) 증여세를 탈루할 수 있기 때문이다. 따라서 세법은 납세자가 증여재산의 반환을 통하여 부당하게 세금을 회피하는 것을 방지하기 위하여 반환 기간을 정하고 그 기간을 기준으로 증여세 과세 여부를 달리하고 있다.

✦ 반환 기간에 따라 달라지는 증여세 과세 문제

증여 받은 후 그 증여받은 재산(금전은 제외한다)을 당사자 간의 합의에 따라 증여세 신고기한(증여받은 날이 속하는 달의 말일부터 3개월) 이내에 그 증여받은 재산을 반환하는 때라면 애초에 증여가 없었던 것으로 보아 증여세를 과세하지 아니한다. 그러나 수증자가 증여받은 재산을 증여세 신고 기한 다음날로부터 3개월(증여받은 날이 속하는 달의 말일부터 6개월) 이내에 반환할 때 당초 증여에 대하여는 과세하되, 반환하는 것에 대하여는 증여세를 과세하지 아니한다.

한편 증여받은 재산을 증여세 신고 기한 3개월(증여받은 날이 속하는 달의 말일부터 6개월) 이후에 반환하는 경우, 그 증여재산의 반환에 대해 또 다른 증여로 보아 증여세를 과세한다. 이를 증여받은 날부터 계

산한다면 그 증여받은 날이 속하는 달의 말일부터 6개월 후에 반환할
때 는 당초 증여와 반환 모두에 대하여 증여세를 각각 과세하게 된다.

증여재산 반환 시기에 따른 증여세

증여재산 반환 시기		증여세 과세 여부	
		당초 증여	반환 증여
금전 외 재산	증여세 신고기한 이내	×	×
	신고기한 경과 후 3개월 이내	○	×
	신고기한 경과 후 3개월 이후	○	○
	반환 전 증여세가 결정된 경우	○	○
금전	시기 무관	○	○

12

타인명의로 숨겨놓은 재산 어쩌나? 부동산과 주식 및 예금의 명의신탁

김 사장은 얼마 전 자녀에게 조그마한 아파트를 증여하였는데 최근 관할세무서로부터 증여세 조사 통보를 받고 덜컥 겁이 났다. 딸에게 증여한 것 뿐 아니라 자신 소유 상가를 다른 사람 이름으로 등기해 둔 것도 탄로 날 것 같았기 때문이다. 얼핏 듣기로는 형사 처벌까지 받을 수 있다고 하던데….

형사 처벌

◆ 부동산의 명의신탁은 형사 처벌도 각오해야 한다

'명의신탁'이란 등기부등본과 같은 형식적인 곳에만 명의자(수탁자)가 소유자로 표시될 뿐 실질적인 재산의 관리·처분권은 실소유자(신탁자)가 지니고 있는 것을 말한다. 이러한 명의신탁은 실소유자를 외부적으로 확인할 수 없으므로 재산 도피, 각종 조세 회피, 비자금 수단 등으로 악용하는 사례가 많아 현행법은 이에 대하여 엄격한 제재를 가하는 실정이다.

부동산의 명의신탁에 대하여는 부동산실명제법에서 엄격히 금지하고 있는데, 만약 이를 위반하였다면 형사처벌과 과징금 및 이행강제금이 부과된다. 유의할 것은 주식의 명의신탁이나 차명예금과는 달리 증여세를 부과하는 것이 아니라 형사처벌 등을 가한다는 것이다. 부동산의 명의신탁에 대하여는 부동산 가액과 의무위반 경과기간에 따라 해당 부동산 가액의 30% 범위에서 과징금을 부과한다. 과징금을 부과받은 자는 지체 없이 해당 부동산을 자신의 명의로 등기하여야 하며, 이를 위반한 자에 대하여는 이행강제금이 추가로 부과된다.

◆ 차명주식은 조세회피 의도가 없음을 입증하지 않는 한 증여로 본다

차명주식, 다시 말해 주식을 새로 매수한 후에 주주명부를 변경하지 않고 전 소유자의 명의로 그대로 두거나 제3자의 명의로 주주명부를 작성할 때는 주주명부에 기재된 명의자가 실제 소유자로부터 이유를 불문하고 증여받은 것으로 본다. 이처럼 타인명의로 주식을 취득하는 행위에 대하여는 증여로 간주(의제)하여 증여세를 부과한다. 한편 차명주식에 대한 증여세를 피하기 위해서는 '조세회피 의도가 없음을 입증해야 하는데, 사실상 그 입증이 매우 어려워서 명의가 도용된 경우 등 아주 예외적인 상황에만 조세회피 의도가 없는 것으로 인정해주고 있다.

✚ 차명예금은 예금명의자가 실소유주로부터 증여받은 것으로 추정한다

비자금이나 재산은닉을 위해 타인명의의 차명예금이 활용되는 일이 많다. 과세관청은 실제 소유자와 예금주가 일치하지 않으면 실제 소유자가 예금주에게 해당 예금을 증여한 것으로 추정하는데, 이를 '차명예금의 증여추정'이라고 한다. 세법은 차명예금 행위를 발견했을 때 이를 증여세 회피목적이 있는 것으로 추정하도록 하고 있으며, 납세자에게 반증의 기회(증여가 아님을 입증할 수 있는 기회)를 주어 증여가 아니라는 것을 입증하지 못할 때 비로소 증여세를 과세하고 있다. 한편 차명예금 행위에 대해서는 증여세를 과세하는 것 외에 최근 법률을 개정하여 금융실명제법상 별도로 제재를 가하고 있다.

무능력자가 재산을 취득했다면
자금출처 조사에 대비하라
자금출처 조사

◆ 자금출처를 입증하지 못하면 증여세를 내야 한다

자금출처조사란 부동산 등 자산을 취득하거나 부채를 상환하였을 때 그 사람의 직업·나이, 그 동안의 소득세 납부 실적·재산 상태 등으로 보아 자기의 힘으로 재산을 취득하거나 부채를 상환하였다고 보기 어려울 때 세무서에서 그 소요자금의 출처를 조사하는 것을 말한

자금 출처 서류

다. 만약 자금출처를 입증하도록 하여 이를 이행하지 못하면 그 금액의 원천이 무엇인지를 따지지 않고 이를 증여로 추정해 증여세를 매긴다.

◆ 연령과 세대주 여부에 따라 자금출처 조사를 배제한다

자금출처 조사는 모든 경우마다 다 하는 것은 아니며, 10년 이내의 재산취득가액 또는 채무상환금액의 합계액이 아래의 기준금액 미만일 때에는 자금출처 조사를 하지 않는다. 다만, 기준금액 이내라 하더라도 객관적으로 증여 사실이 확인되면 자금출처를 조사하여 증여세를 부과한다.

자금출처 조사 배제 기준표 (증여추정배제 기준표)

구분	취득재산		채무 상환	총액 한도
	주택	기타 재산		
30세 미만인 자	5천만 원	5천만 원	5천만 원	1억 원
30세 이상인 자	1억5천만 원	5천만 원	5천만 원	2억 원
40세 이상인 자	3억 원	1억 원	5천만 원	4억 원

◆ 자금출처로 인정되는 항목

자금출처 조사대상자로 선정되거나 세무서로부터 자금출처 소명 안내문을 받았다면 증빙서류를 꼼꼼히 제출하여 취득자금의 출처를 밝혀야만 증여세 과세를 피할 수 있다. 만약 취득자금의 80% 이상을 소명하지 않으면(취득자금이 10억 원이라면 소명하지 못한 금액이 2억 원 미만이 되지 않으면) 취득자금에서 소명 금액을 뺀 나머지를 증여받은 것으로 보게 된다. 특히 개인 간의 금전거래 시 작성한 차용증, 계약서, 영수증 등만 가지고는 거래사실을 인정받기 어려우므로 이를 뒷받침할 수 있는 계좌이체명세, 무통장입금증 등 금융거래 자료를 철저히 준비하는 것이 좋다.

자금출처로 인정되는 대표적인 항목과 증빙서류

구분	자금출처로 인정되는 금액	증빙서류
근로소득	총급여액 - 원천징수세액	원천징수영수증
사업소득	소득금액 - 소득세상당액	소득세신고서 사본
이자·배당·기타소득	총급여액 - 원천징수세액	원천징수영수증
차입금	차입금액	부채증명서
임대보증금	보증금 또는 전세금	임대차계약서
보유재산 처분액	처분가액 - 양도소득세 등	매매계약서

14

자녀에게 준 창업자금, 절세하려면? 창업자금에 대한 증여세 과세특례

최근 기업구조조정과 함께 실직자가 된 김 사장은 회사에 재직하며 얻은 노하우를 살려서 작은 회사를 세우려고 그동안 저축했던 돈과 퇴직금을 모았으나 회사를 만드는 데 드는 비용이 만만치 않다는 것을 알고 결국 부모님께 손을 내밀기로 하였다. 그런데 A씨의 부모는 창업자금을 현금으로 건넬 때에는 적지 않은 증여세가 나올 것을 걱

정하며 다른 방법을 찾아보는 것이 좋겠다고 말씀하시는데….

◆ 부모가 자녀에게 사업밑천을 증여하면 세금혜택을 준다

창업자금에 대한 증여세 과세특례는 중소기업을 창업하고자 하는 자가 부모가 돌아가시기 전에 부모로부터 창업자금을 지원받을 때 그 자금에 대한 증여세 부담을 덜어줌으로써 창업을 장려하여 부모 세대로부터 자식 세대로 재산이 원활하게 이전되는 것을 지원하기 위한 제도다.

18세 이상인 자녀가 중소기업을 창업할 목적으로 60세 이상의 부모로부터 창업자금(양도소득세 과세 대상이 아닌 재산이어야 하며, 총 30억 원을 한도로 한다)을 증여받을 때, 증여재산에서 5억 원을 공제한 금액에 10%의 낮은 세율로 증여세를 부과한다. 이처럼 창업자금에 대한 증여세 과세특례를 적용받은 증여재산은 증여한 부모가 사망하게 되는 때 증여일과 관계없이 무조건 사전증여 재산가액으로서 상속재산가액에 합산하여 상속세를 다시 정산한다.

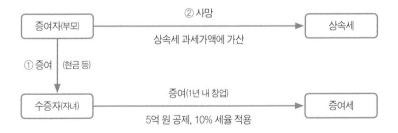

◆ 창업자금에 대한 증여세 특례를 적용받으려면?

창업자금에 대한 증여세 특례를 적용받으려면 60세 이상의 부모가 18세 이상의 자녀에게 창업 자금을 증여한 경우여야 한다. 창업자금의 증여 당시 아버지나 어머니가 사망하였다면 그 사망한 아버지나 어머니의 부모를 포함한다.

◆ 창업하는 기업은 반드시 중소기업이어야 한다

창업자금을 증여받은 날로부터 2년 이내에 중소기업을 창업하여야 하며, 창업자금은 증여받은 날로부터 3년이 되는 날까지 모두 창업 목적에 사용하여야 한다. 이때 '창업'이란 실질적인 사업자등록까지 했을 때이며, 창업하는 기업은 반드시 중소기업이어야 한다. 따라서 호텔업·여관업·주점업 등 소비성 서비스업과 공동주택의 임대·상가임대 등 부동산임대업 등은 그 대상에서 제외하고 있다.

◆ 사업밑천으로 부동산 및 비상장주식을 증여하면 안 된다

증여받은 창업자금은 소득세법상 양도소득세 과세 대상(부동산 및 비상장주식)이 아니어야 한다. 만약 이를 허용한다면 창업자금을 양도소득세 과세대상 자산으로 증여함으로써 증여 시점까지 발생한 증여자의 양도소득세를 회피하는 방법으로 이용될 수 있기 때문이다.

15

자녀에게 가업을 승계해주려면? 가업승계 주식에 대한 증여세 과세특례

김 사장은 나이도 있고 해서 이제 자신은 은퇴하고 최근 유학에서 돌아온 아들에게 자신이 30년을 넘게 운영해 온 기업을 넘겨주려고 한다. 그런데 회사 규모가 꽤 있는 편이어서 과연 얼마나 세금이 나올지 걱정이다. 아들에게 가업을 승계하려면 어떻게 하는 것이 현명한 방법일지 고민인데….

❖ 가업을 승계하면 증여세를 대폭 할인해 준다

가업승계 주식에 대한 증여세 과세특례는 기업 경영자의 고령화에 따라 자녀에게 가업을 계획에 의해 사전 증여함으로써 기업의 연속성을 이어가고 고용유지를 지원하기 위한 것이다. 18세 이상인 거주자가 가업을 10년 이상 계속하여 경영한 60세 이상의 부모로부터 주식을 증여 받고 가업을 승계한 경우 증여세과세가액에서 5억 원을 공제하고 10%(30억 초과시 20%)의 낮은 세율로 증여세를 부과한다. 이처럼 가업승계에 대한 증여세 과세특례를 적용받은 주식은 증여한 부모가 사망하게 되는 때 증여일과 관계없이 무조건 사전증여재산가액으로서 상속재산가액에 합산하여 상속세를 다시 정산한다.

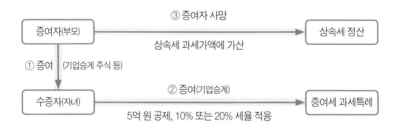

❖ 개인 가업이 아닌 법인 가업을 승계받아야 한다

자녀가 승계하는 가업이 개인기업이라면 가업승계에 대한 증여세 과세특례를 적용받지 못한다. 따라서 회사의 형태는 주식회사, 합명회사, 합자회사 등 법인으로 한정하여 증여세 특례규정이 인정된다.

◆ 증여자는 10년 이상 가업을 경영한 60세 이상 부모이어야 한다

가업을 넘겨주고자 하는 자(증여자)는 직계존속인 60세 이상의 부모로서 증여일 현재 10년 이상 계속하여 가업을 경영한 자이어야 한다. 이때 증여 당시 부모가 사망했다면 그 사망한 부모의 부모를 포함한다. 한편 부모는 승계하고자 하는 가업의 최대주주로서 발행주식 총수의 50%(상장법인 : 30%) 이상을 보유하여야 한다.

◆ 수증자가 5년 이내에 대표이사에 취임해야 한다

가업을 승계하는 자(수증자)는 증여일 현재 18세 이상인 거주자로서 증여세 신고기한까지 직접 가업에 종사하여야 하며, 증여일로부터 5년 이내에 대표이사에 취임하여야 한다. 여기서 대표이사 취임 여부는 실질에 근거하여 판단한다. 예를 들어 수증자가 실제로 대표이사로 선임되어 법인등기부에 등재되고 대표이사직을 수행한다면 취임한 것으로 본다.

증여세 총괄 흐름도

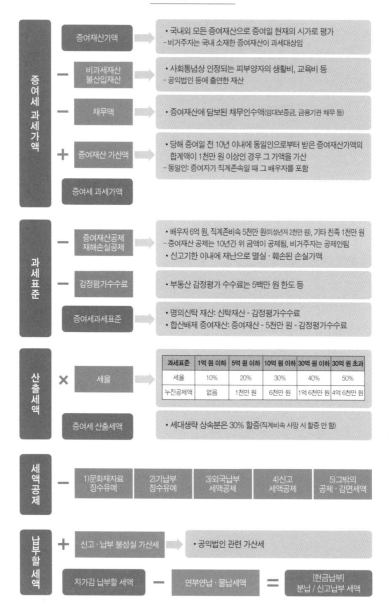

증여세 과세가액

증여재산가액 ⟶ • 국내외 모든 증여재산으로 증여일 현재의 시가로 평가
- 비거주자는 국내 소재한 증여재산이 과세대상임

− 비과세재산
불산입재산 ⟶ • 사회통념상 인정되는 피부양자의 생활비, 교육비 등
- 공익법인 등에 출연한 재산

− 채무액 ⟶ • 증여재산에 담보된 채무인수액(임대보증금, 금융기관 채무 등)

+ 증여재산 가산액 ⟶ • 당해 증여일 전 10년 이내에 동일인으로부터 받은 증여재산가액의
합계액이 1천만 원 이상인 경우 그 가액을 가산
- 동일인: 증여자가 직계존속일 때 그 배우자를 포함

증여세 과세가액

과세표준

− 증여재산공제
재해손실공제 ⟶ • 배우자 6억 원, 직계존비속 5천만 원(미성년자 2천만 원), 기타 친족 1천만 원
- 증여재산 공제는 10년간 위 금액이 공제됨, 비거주자는 공제안됨
• 신고기한 이내에 재난으로 멸실·훼손된 손실가액

− 감정평가수수료 ⟶ • 부동산 감정평가 수수료는 5백만 원 한도 등

증여세과세표준 ⟶ • 명의신탁 재산: 신탁재산 - 감정평가수수료
• 합산배제 증여재산: 증여재산 - 5천만 원 - 감정평가수수료

산출세액

× 세율 ⟶

과세표준	1억 원 이하	5억 원 이하	10억 원 이하	30억 원 이하	30억 원 초과
세율	10%	20%	30%	40%	50%
누진공제액	없음	1천만 원	6천만 원	1억 6천만 원	4억 6천만 원

증여세 산출세액 ⟶ • 세대생략 상속분은 30% 할증(직계비속 사망 시 할증 안 함)

세액공제

− | 1)문화재자료
징수유예 | 2)기납부
징수유예 | 3)외국납부
세액공제 | 4)신고
세액공제 | 5)그밖의
공제·감면세액 |

납부할세액

+ 신고·납부 불성실 가산세 ⟶ • 공익법인 관련 가산세

차가감 납부할 세액 − 연부연납·물납세액 = [현금납부]
분납 / 신고납부 세액

Q&A

- ✓ 민법 파트
- ✓ 상속세 · 증여세 파트
- ✓ 기타

민법 파트

상속세 · 증여세 파트

기타

민법 파트

1. 화목한 상속이 왜 중요한가?

화목한 상속은 가족을 유지할 수 있게 한다. 가족은 우리 사회를 구성하는 기초단위이자 힘들고 지쳤을 때 언제든 돌아가 쉴 수 있는 곳이어야 한다. 우리 사회가 지켜주고 보호해야 할 최후의 보루인 셈이다.

또한 화목한 상속은 절세를 가능하게 한다. 선친이 평생의 수고로 일궈온 재산에 대해 세무조사를 할 때, '화목'이라는 덕목은 거친 풍랑을 잘 막아내는 방파제 역할을 할 수 있다. 화목한 가족일수록 외부로부터 고난과 어려움을 잘 건더낼 것은 당연하기 때문이다.

앞서 말했듯, 필자는 화목한 상속에 대해서는 일부러 수수료도 할인해 준다. 화목하면 상속인 간에 협의가 빠르고, 원활한 미팅, 빠른 서류 전달 등으로 불필요한 업무도 줄어든다. 화목한 가족은 보기에도 좋다. 업무수행자에게도 보람 있는 일이 된다.

따라서 부모는 자녀들에게 진정한 의미의 상속, 다시 말해 그 속에 담겨있는 노력하는 삶과 올곧게 살아갈 수 있는 유산을 남겨줌으로써 화목한 상속을 이룰 수 있도록 해야 한다.

2. 유언은 왜 필요한가?

상속은 평생 한두 번 밖에 발생하지 않는다. 경험해보지 않은 일이기 때문에 자칫 가볍게 생각하다 그만 다른 상속인들과 영원히 회복하지 못할 사이가 되는 상황이 비일비재하다. 누구도 자신이 죽은 후 남은 가족이 재산 분쟁으로 불행해지길 바라지는 않을 것이다. 따라서 진정으로 가족을 생각한다면 자신의 유언장을 남겨두는 것이 무엇보다 중요하다. 유언장은 갑작스러운 일을 당했을 때 우리 가족이 어디로 가야 할지 방향을 정해주는 나침반 역할을 충분히 할 수 있다. 결국 재산을 남긴 사람이라면 '내 재산이 얼마이고 이렇게 저렇게 분배할 터이니 내 뜻을 이해하고 받아주면 좋겠다'는 의사를 명확하게 해두는 것이 중요하다. 이것이 남겨진 가족에 대한 마지막 사랑이자 현명한 부모로 끝까지 기억될 수 있는 방법이라는 것을 명심해야 한다.

3. 유언은 반드시 공증받아야 효력이 있는가?

그렇지 않다. 유언의 종류에는 '공정증서(공증)에 의한 유언' 외에도 자필증서(직접 손으로 쓴 유언장), 구수증서, 비밀증서, 녹음에 의한 유언이 있어 총 5가지 방법으로 유언할 수 있다. 대체로 공정증서에 의한 유언과 자필증서에 의한 유언이 널리 이용되고 있으며, 이 중에서도 공정증서에 의한 것이 가장 안전하고 확실한 유언이다. 공정증서에 의한 유언은 2명 이상의 증인이 반드시 참여하여야 하며 추가적인 비용이 소요된다. 그러나 다른 유언방식에 비해 유언자의 뜻을 명확히 파악할 수 있으며, 위조나 변조의 위험이 거의 없고 유언장 존재를 입증하는 법원의 검인 절차 없이 유언을 바로 집행할 수 있는 방식이다.

4. 직접 손으로 쓴 유언장이 효력이 있으려면?

이는 자신이 직접 유언의 내용을 써야 하는 것으로서 타인이 대필

하거나 컴퓨터로 작성하는 것은 효력이 없다. 이때 유언장의 작성 연월일, 유언자의 성명, 주소 및 날인이 반드시 있어야 한다. 자필증서의 유언장이 여럿 있다면 '가장 최근의 것'이 효력을 지닌다. 이 방식은 혼자서도 유언장을 작성할 수 있고 비용이 들지 않으며, 언제든 새로운 내용으로 다시 작성할 수 있다는 게 장점이다. 그러나 문자를 모르는 사람은 이용할 수 없고 유언자의 사망 후 유언장의 존재 여부가 쉽게 판명되지 않을 수 있다. 유언자의 필체가 맞는지에 관한 다툼의 소지가 있으며 분실·은닉·위조·변조의 문제가 발생할 수 있다.

5. 유언장 작성 시 반드시 고려해야 할 것은?

첫째, 남은 가족의 화목을 고려한다. 예를 들어 어느 한 자식에게 모든 재산을 남겨주거나 아예 주지 않아서도 안 된다. 분쟁의 소지 없이 균형감 있는 유언장을 작성하는 것이 중요하다. 더불어 남은 가족들에게 그동안의 고마움과 미안함을 전할 수 있는 따뜻한 고인의 마음이 담긴 유언장이라면 더할 나위 없이 좋을 것이다.

둘째, 유류분을 고려한다. 상속인에게는 적어도 본인이 받아야 할 법정상속분의 2분의 1(유류분) 이상을 준다. 유류분 다툼이 발생하는 경우 사실상 그 가족은 이미 산산조각이 났다고 봐야 한다. 예를 들어, 유류분 계산을 위해서는 망자의 삶 동안 상속인들에게 나눠준 전체재산을 계산해야 하는데, 여기에는 망자가 상속인인 자식에게 한 살 때 (평생 동안을 따지게 됨) 준 재산이 있다면 이 재산도 함께 계산해야 한다. 이처럼 내 몫을 한 푼이라도 더 받기 위해 망자의 평생의 재산을 샅샅이 뒤져보게 되는데, 이런 와중에서 가족 간의 화목은 이미 물 건너간 지 오래다.

셋째, 기여분을 고려한다. 상속인 중 망자의 재산형성에 특별히 기여하거나 망자를 위하여 특별한 부양을 한 경우 재산안분 시 이를 고려하여 추가로 더 배분하는 것을 말한다. 만약 이를 무시하고 단순한 상속분에 따라 분할한다면 오히려 불공평한 결과가 초래될 것이다. 따라서 유언장 작성 시 상속인 중 기여분이 있는 자에게 특별한 고려가 선행되어야 한다.

넷째, 상속세 절세를 고려한다. 절세를 고려한 유언장은 결과적으로 상속인들에게 더 많은 유산을 남기게 된다. 특히 배우자상속공제, 동거주택상속공제 등은 어떻게 재산을 안분하는지에 따라 상속세에 큰 영향을 미칠 수 있다. 따라서 상속세 절세를 고려한 유언장 작성은 선택이 아닌 필수다.

6. 이혼한 배우자는 상속인이 될 수 있는가?

이혼한 배우자는 더 이상 상속인이 아니다. 우리 민법은 법률상의 배우자만을 상속인으로 인정하고 있다. 따라서 아무리 망자와 오랜 세월 동안 함께 살아온 배우자라 할지라도 사망 당시 이혼한 상태였다면 상속인 자격이 인정되지 않는다. 만약 이혼 소송 중에 남편이 사망했다면 이혼 판결이 아직 확정되지 않은 상태이므로 그 배우자의 상속인 자격은 인정된다.

7. 사실혼 관계인 자는 상속인이 될 수 있는가?

사실혼 관계인 자는 상속인 자격이 없다. 법률 혼인이 아닌 사실혼까지 상속인에 포함시키면 상속이 발생할 때마다 분쟁의 소지가 커질 수 있기 때문이다. 따라서 상속인 자격을 인정받기 위해서는 사실혼 상태를 벗어나 혼인신고를 해야 한다. 한편 망자인 상대방에게 자녀나 별도의 상속인이 없을 때 사실혼 관계인 자는 '특별연고자'임을 법원에 주장해 비로소 상속재산에 대한 권리를 가질 수 있다.

8. 내연녀의 자식에게도 상속권이 인정되는가?

내연녀에게는 상속인 자격이 없으나 내연녀의 자식에게는 상속권이 인정된다. 내연녀의 자식은 상속인 중 1순위인 직계비속에 해당한다. 직계비속에는 친자식과 양자가 모두 포함되며, 가족관계등록부에 등재 여부에 관계없이 상속인 자격이 인정된다. 단, 내연녀의 자식이 망자의 자식이라는 것을 별도로 입증해야 하며, 만약 망자가 생전에 자기의 자녀임을 인정하였다면 별도의 인증 절차 없이 내연녀의 자식은 상속인으로 인정된다.

9. 상속재산보다 채무가 더 많다면 어떻게 해야 하는가?

망인의 사망 당시 상속재산보다 채무가 많은 상황에서 상속인의 의사를 무시하고 자산과 채무를 모두 상속인에게 승계시킨다면 모자라는 부분은 상속인이 본래부터 가지고 있던 재산으로 갚아야 하므로 상속인을 보호할 수 없게 된다. 따라서 이때 상속인은 단순승인(망자의 재산과 부채를 모두 승계하는 것)하기보다는 상속개시가 있음을 안 날로부터 3개월 이내에 피상속인 최후 주소지 관할 가정법원에 서면으로 상속포기 또는 한정승인을 신청할 수 있다. 만약 3개월이 지나도록 어느 것도 선택하지 않으면 단순승인한 것으로 간주한다.

10. 상속포기 또는 한정승인 중 어느 것을 선택해야 하는가?

상속포기는 처음부터 상속인이 아닌 것으로 되어 망자의 재산과 채무를 완전히 상속받지 않음으로 채권자에 대한 대응이 간편한 장점이 있으나, 선순위 상속인인 배우자나 자녀 전원이 상속포기를 하면 다음 순위 상속인에게 상속이 계속되는 단점이 있다. 이와 같은 이유로 실무적으로 상속포기 보다는 한정승인을 보다 많이 이용하게 된다.

한정승인은 일반적으로 선순위 상속인 중 1인이 한정승인을 하고, 나머지 다른 상속인은 상속포기를 하는 방법을 취하게 된다. 한정승인을 한 상속인은 상속으로 인하여 취득하는 재산의 한도 내에서 피상속인의 채무를 변제하고, 상속받은 재산이 없으면 채무를 변제할 책임을 면하게 된다. 다시 말해 한정승인자는 상속 이전에 상속인이 가지고 있었던 재산(고유재산)으로 채무를 변제하지 않아도 된다. 또한 선순위 상속인 중 1인(예: 자녀)이 한정승인을 받으면 후순위 상속인(예: 형제 자매·4촌 이내 방계혈족)에게 상속이 계속되지 않아 망자의 가까운 가족 내에서 빚 청산을 할 수 있는 장점이 있다. 그런데 상속인들 중 누가 상속포기를 하고 한정승인을 해야 하는지는 각 상속인의 구체적인 상황에 따라 달라질 수 있다. 따라서 상속포기 또는 한정승인을 해야 하는 상황이라면 반드시 전문가의 도움을 받기 바란다.

11. 한정승인 시 망자의 부동산 처분에 따른 양도소득세도 함께 면제되는가?

한정승인은 상속받은 재산의 범위 내에서 채무를 상환하면 된다. 그런데 상속재산 중 특히 부동산이 있다면 한정승인의 상황에 따라 자연스럽게 부동산을 처분하여 채무를 상환하고자 한다. 이때 한정승인자(상속인)의 처분가액과 상속으로 취득한 부동산의 취득가액(상속 당시 신고가액)과의 차익에 대하여 양도소득세를 납부하여야 하는데, 이는 한정승인을 선택하였을지라도 상속인에게 귀속되는 소득이므로 면제의 대상이 되지 않는다. 일반적으로 한정승인을 해야 하는 상황이므로 채권자들에게 매각대금을 배분하고 나면 남는 금액이 거의 없을 수 있다. 그런데도 양도소득세가 발생할 수 있는데, 이에 대한 고려가 없었다면 여간 낭패가 아닐 수 없다. 따라서 한정승인 시 망자의 부동산에 대한 양도소득세까지 고려하여야 하며, 이때 반드시 상속세 전문가의 도움을 받아 진행하기를 강력히 추천한다.

12. 유언장이 있지만 상속인 간 협의로 유언장과 다르게 재산분할이 가능한가?

유언장이 있을지라도 상속인 전원의 동의하에 유언장의 내용과 달리 재산을 배분할 수 있다. 단, 상속인 전원이 동의해야 한다. 상속재산의 분할 시 유언장보다 상속인 전원의 협의가 우선 적용된다. 그러나 어느 상속인이 유언장의 내용대로 재산을 나눌 것을 주장한다면 그 내용이 유류분을 침해하지 않는 한 유언장에 따라 재산을 안분해야 한다.

13. 재산분할 시 세금 측면에서 고려해야 할 부분은?

상속재산의 분할 시 특히 배우자상속공제를 한도금액 범위 내에서 최대한 받을 수 있도록 상속인 간 재산분할에 유의하여야 한다. 배우자상속공제는 망자의 배우자가 상속받는 재산의 범위 내에서 공제해 주는 금액으로서, 실제로 배우자에게 그 공제액에 해당하는 금액을 안분할 것까지를 요건으로 한다. 따라서 재산을 분할하기 전부터 상속세를 염두에 두어야 한다. 그렇지 않다면 배우자상속공제라는 상속세 절세의 큰 기회를 놓칠 수 있다. 한편 망자의 배우자에게는 너무 많은 재산을 안분하지 않는 것이 추후 배우자의 사망이 발생할 때 유리하다. 망자의 배우자(과부 또는 홀아비 상태)가 사망하게 되면 배우자가 없는 상속이므로 일괄공제 5억 원 외에는 달리 적용받을 공제가 거의 없다. 따라서 너무 많은 금액을 배우자에게 안분하면 나중에 배우자의 사망 시에는 상속세 부담이 클 수 있다.

추후 자산 가격이 상승한다는 전제하에서 망자의 배우자에게는 금융자산 등을, 자녀에게는 부동산을 배분하는 것이 보다 유리한 결과를 초래하게 된다. 살아갈 날이 많이 남지 않은 분들은 나중의 투자가치를 생각하기보다는 당장 사용할 수 있는 현금을 선호하는 것 역시 이와 같은 재산 배분을 적합하게 한다. 상속인인 자녀 중 동거주택상속공제의 적용이 가능한 자가 있다면 그 상속인에게 주택을 상속시키는 것이 필요하다. 동거주택상속공제 요건 역시 공제를 적용받는 자가 실제로 그 재산을 안분 받는 것까지를 요구하기 때문이다.

상속세·증여세
파트

14. 화목한 상속에 왜 절세가 선물로 주어지는가?

상속인 간 다툼이 없다면 상속세를 줄이는 것은 중요한 이슈가 된다. 따라서 서로 의견을 모아 상속세 전문가를 찾아가는 것은 당연한 일이다. 일단 상속세 전문가를 찾아갔다면 그 다음은 서로 소통만 잘하면 상속세 절세는 그리 어려운 일이 아니다. 그러나 만약 재산 분쟁이 있는 상속이라면 우선 자신이 보다 많은 재산을 차지하는 것이 중요한 것이지 절세는 그 다음 일이 된다. 왜냐하면 상속세는 받은 재산 중 일부를 내는 것이라고 일반적으로 생각하기 때문이다. 오히려 재산 분쟁이 있다면 상속세 전문가보다는 자신의 편을 들어주거나 자신과 친분이 있는 세무사를 선택할 확률이 훨씬 높다. 실무에서도 재산분쟁이 있다면 절세와는 전혀 다른 방향으로 업무가 이뤄지는 일이 빈번하다. 결국 절세는 화목한 상속이 이루어지는 가족에게 주어지는 선물인 셈이다.

15. 돌아가신 분의 통장은 몇 년 전까지 추적하는가?

일반적으로 망인의 사망일로부터 10년 전까지 추적한다. 상속인에게 증여한 재산은 망인의 사망일로부터 10년 이내 것까지 상속재산에 가산하여 증여세를 계산한다. 따라서 10년 이내 금융 거래 내용 중 가족에게 계좌이체나 수표인출 등을 통하여 금융재산이 이동했는지를 추적하게 된다. 결국 금융거래 추적의 주목적은 망인이 가족에게 실제로 증여하였거나 신고하지 아니한 증여재산을 찾기 위한 것이다.

16. 상속받은 부동산을 바로 처분할 때 고려해야 할 것은?

상속받은 부동산은 아파트, 단독주택, 상가, 토지 등에 따라 평가 방법이 다르며, 그 평가액은 상속부동산의 가액이 됨과 동시에 향후 그 부동산의 처분 시 부담하게 되는 양도소득세의 취득가액이 된다. 그런데 만약 망자가 돌아가신 날부터 6개월 이내 상속받은 부동산을 처분한다면 상속세 계산 시 그 부동산의 평가액은 당해 부동산의 처분가액이 된다. 따라서 상속부동산의 양도소득세 계산 시 처분가액(양도가액)과 상속부동산의 취득가액이 일치하게 되어 양도소득세 부담은 없다. 그러나 상속세 계산 시 당해 부동산은 처분가액으로 평가됨에 따라 상속세 부담이 클 수 있다. 따라서 부득이 망자가 돌아가신 날부터 6개월 이내 부동산을 처분해야 한다면 부동산의 종류와 상황에 따라 그 시기를 조절해야 할 필요가 있으므로 전문가와 긴밀히 협의하여 어떻게 하는 것이 유리한지에 대해 반드시 자문받기를 추천한다.

17. 상속세 계산 시 왜 생전에 증여한 재산을 합하여 계산할까?

망인의 사망일로부터 10년 이내에 상속인이 망인으로부터 증여받은 재산(상속인이 받은 재산)을 상속재산에 가산하여 상속세를 계산하고 증여 당시 과세되었던 증여세는 산출세액에서 차감해 주고 있다. 상속세와 증여세는 재산 금액에 따라 10~50%의 세율까지 5단계로 구분하여 재산가액이 클수록 더 높은 누진세율로 과세하고 있다. 이럴 때 고액 재산가들은 고율의 누진세율을 회피하고자 생전에 미리 재산을 증여하고자 할 것이다. 만약 생전에 증여한 재산을 상속 당시의 재산에 합산해서 과세하지 않는다면, 정작 망인의 생전에 대부분의 재산을 증여하여 높은 상속세 누진세율을 회피하고자 하기 때문이다.

18. 망자의 상속재산에 가산하는 증여재산의 합산 기간은?

망자가 상속인(예:자식)에게 상속개시일(사망한 날)로부터 10년 이내 증여한 재산은 상속재산에 합산하여 상속세를 계산하는 데 반하여, 망자가 상속인이 아닌 자(예: 손자)에게 증여한 재산은 상속개시일(사망한 날)로부터 5년 이내 것만 상속재산에 합산한다. 상속인과 상속인이 아닌 자 간 상속재산에 합산하는 증여재산의 기간을 구분하고 있다.

19. 부동산의 종류에 따라 평가 방법이 왜 다를까?

상속세나 증여세가 부과되는 부동산은 상속개시일 또는 증여일 현재의 시가에 따라 평가해야 한다. 시가란 불특정 다수인 사이에 자유롭게 거래가 이루어질 때 통상적으로 성립된다고 인정되는 가액을 말하는데, 상증법상 공매·수용가격, 감정가격 등은 시가로 인정되는 범위에 포함된다. 만약 시가를 산정하기 어렵다면 평가대상 부동산과 유사한 부동산의 가액(유사매매사례가액)을 적용하고 이 가액도 없다면 보충적 방법(토지는 개별공시지가, 주택은 개별주택가격 등)으로 평가하고 있다.

그런데 실무적으로 아파트는 시세와 거의 차이가 없는 유사매매 사례가액을 적용하는데 반하여, 단독주택은 과세논리상 유사매매사례가액을 적용할 수 없음(면적, 방향, 기준시가 등이 아파트와 달리 유사한 것을 찾기가 어려움)에 따라 시세와 상당한 차이가 있는 보충적 평가 방법을 적용한다. 결국 부동산은 각 부동산의 종류(아파트, 단독주택, 토지, 상가 등)에 따라 그 평가 방법이 다르다고 이해하는 것이 보다 정확한 접근 방법이다.

20. 다른 사람 이름으로 돌려놓은 차명 재산도 상속재산에 포함하는가?

차명자산도 망자의 재산이라면 상속재산에 포함된다. 비록 명의는 망자(피상속인)의 것이 아닐 지라도 실제 소유주가 망자라면 모두 망자의 상속재산에 포함된다. 한편 차명 부동산과 차명 주식 및 차명 예금의 세법상 취급은 각각 다르다.

차명부동산은 본래 소유자의 재산으로 취급하고 증여세 부담 없이 부동산실명제법상 무거운 과징금을 부과하여 책임을 지우고 있다. 차명주식은 모두 증여로 간주하여 증여세를 부담해야 한다. 다만, 차명주식이라고 할지라도 조세회피 목적이 없음을 납세자가 입증할 때는 과세하지 않도록 하고 있다. 차명예금은 망자가 명의자에게 증여한 것으로 추정하고 그 명의자가 증여가 아닌 것을 입증하는 것에 한하여 증여로 취급되지 않는다.

21. 상속세 납부 방법에는 어떤 것이 있는가?

상속세를 납부하는 방법은 총 4가지가 있다. 바로 현금납부, 분납(2개월간 2회로 나누어 납부), 연부연납(신고 이후 최장 10년간 분할납부), 물납(부동산과 주식으로 납부)이다. 이 중 물납은 주로 부동산으로 납부하게 되는데, 부동산은 시세보다 낮은 개별공시지가로 평가되는 경우가 대부분이라 실무에서는 거의 이뤄지지 않는다. 간혹 시가보다 낮은 가액으로도 매매가 잘 이루어지지 아니하는 부동산에 대하여 물납을 신청하는 일도 있다.

납부할 상속세나 증여세가 너무 많아서 부담스럽다면 연부연납제도를 이용할 수 있다. 연부연납은 상속재산의 대부분이 부동산이어서 유동자산이 일시적으로 부족할 때 최장 10년(증여세는 5년)간에 걸쳐 세액을 나누어 납부하기 위한 제도다. 이때 납세담보를 제공해야 하며, 상속재산(증여재산) 외의 다른 재산을 담보로 제공해도 관계없다. 이와 같은 연부연납은 일종의 장기할부로서 연리 1.2%(시중 이자율에 따라 변동)의 이자(가산금)를 상속세와 함께 납부해야 한다.

22. 상속세는 반드시 세무조사를 수반하는가?

대부분의 세금이 신고확정주의(납세자의 신고에 따라 과세표준과 세액이 확정되는 세금)를 채택하는 것에 반하여, 상속세는 정부결정주의를 채택하고 있다. 이와 같은 정부결정주의는 과세관청이 반드시 과세표준과 세액을 결정하게 되어 있는데, 보다 정확하게 이를 결정하기 위해서 수반되는 것이 세무조사다. 따라서 망자(피상속인)의 상속재산 (10년 이내의 증여재산을 포함)이 10억 원(망자의 사망 당시 배우자가 없다면 5억 원) 이상일 때에는 대부분 해당 상속에 대하여는 세무조사를 진행하여 과세관청 입장에서 정확한 세금을 결정하게 되는데, 이를 소위 우리가 일반적으로 알고 있는 '세무조사'라고 한다.

한편 예외적으로 상속개시일 전 2년 이내 처분재산이 없으면 정식조사가 아닌 '서면조사'로 대체하는 상황이 있을 수 있다. 세무조사를 진행하게 되면 적게는 1개월에서 3개월 정도의 시간이 소요되며, 탈루금액이 전혀 없지 않은 한 상당한 정도의 세금이 추징되는 것이 일반적이다.

23. 상속세 조사를 하게 되면 세금을 추징하는 경우가 많은가?

앞서 말했듯, 실무적으로 일단 세무조사를 하게 되면 상당한 정도의 세금이 추징되는 일이 일반적이다. 보통 세무조사는 1개월에서 3개월 정도에 걸쳐 진행되는데, 이 기간 정도면 마음먹기에 따라 망자의 모든 재산과 그 활동에 관하여 샅샅이 살펴볼 수 있다. 진행하다가 시간이 부족하다고 여겨지면 조사 기간을 얼마든지 연장할 수 있다. 대부분의 상속세 신고내용에는 1~2가지 이상의 쟁점사항이 있기 마련인데 이와 같은 쟁점 사항에 대한 납세자와 과세관청의 상당한 해석의 차이가 있을 수 있으며, 이 부분에서 추징세액이 발생하는 일이 빈번하다. 이와 같은 쟁점사항은 상속세 신고 당시부터 신고방안 및 조사에 따른 대응 전략을 수립해두는 것은 상속세 업무의 기본이라고 할 것이다.

24. 이혼시 지급한 위자료 또는 재산분할액은 증여세 과세대상인가?

위자료는 혼인 파탄 등에 대한 책임이 있는 자가 상대방에게 지급하는 것으로서, 예를 들어 외도를 했다면 외도한 자가 상대방인 배우자에게 위자료를 지급하게 된다. 한편 혼인 이후 부부의 노력으로 생성된 재산은 부부의 공동재산으로서 재산분할의 대상이 되고 어느 한쪽 명의의 재산일지라도 해당 재산의 유지·관리에 상대방이 기여하였다면 이 역시 재산분할의 대상이 된다. 부부간 재산증식의 기여도에 따라 최대 50%까지 재산분할을 인정하고 있으며, 현금은 물론이고 부동산 같은 현물도 분할이 가능하다.

이와 같은 위자료 또는 재산 분할액은 그 지급 시 증여로 보지 않아 증여세를 과세하지 아니한다(참고로 위자료를 부동산으로 지급하는 양도소득세가 과세됨).

25. 상속세가 없어도 상속세를 신고하는 것이 유리할 때는?

상속재산과 생전에 증여한 재산의 합계액이 10억 원(망자에게 배우자가 없는 상속일 때 5억 원) 미만일 때 상속세는 없다. 그러나 이때 하나 더 점검할 것은 상속재산을 나중에 처분할 때 부당해야 하는 양도소득세를 고려하여야 한다.

예를 들어 개별공시지가 3억 원(시가는 5억 원)의 토지만 소유한 망자의 상속세 신고를 하지 않은 상태(토지의 경우 개별공시지가로 평가하는 것이 일반적임)에서 상속 직후 바로 토지를 5억 원에 처분했다고 가정해 보자. 상속세 부담은 없었지만 고인의 사망 후 얼마 지나지 않아 양도차익 2억(5억-3억) 원에 대한 양도소득세를 납부해야 한다. 만약 토지를 시가 5억 원으로 감정평가하여 상속세 신고를 하였다면 상속세와 양도소득세 부담도 없었을 터인데 말이다.

이처럼 망자의 상속재산이 10억 원(또는 5억 원) 미만일지라도 상속 이후 양도소득세 절세를 위해서는 상속세 신고가 필요할 수 있다는 것을 명심하기를 바란다. 따라서 상속이 발생했을 때, 반드시 상속세 전문 세무사와 상담하길 추천한다.

26. 상속세 전문 세무사를 왜 찾아가야 하는가?

우리나라는 2020년 기준으로 30만 5,100명이 사망하였고 상속세 신고는 사망자의 3.3% 정도인 10,181건이었다. 한편 전국의 세무사(회계사 포함) 등록 인원은 약 2만6천 명 정도다. 따라서 세무사 1인당 평균 2.5년에 한 번 상속세를 신고하는 꼴이다. 종합적인 세무능력을 필요로 하는 상속세 신고에 있어서 2,3년에 한 번 꼴로 신고해서는 제대로 된 상속세 신고가 이루어질 리 없다. 의사도 전문영역이 있듯이 세무사도 전문영역이 있다. 고객의 입장에서 합리적인 절세방안을 수립하고 추후 세무조사에 대한 적절한 대응 능력을 갖춘 세무대리인을 선정하는 것이 무엇보다 중요하다. 또한 업무수행 세무사의 선택에 따라 상속세 부담이 달라질 수 있기 때문에 많은 경험과 전문적 지식을 갖춘 세무사 선택이 상속세 절세의 필수조건이다.

27. 상속과 증여는 뭐가 다를까?

상속과 증여는 재산을 아무 대가없이 무상으로 이전한다는 점에서 둘은 서로 같다. 그러나 재산을 넘겨주는 사람이 살아있는 상태에서 주는 것은 증여이고, 재산을 넘겨주는 사람이 사후에 주는 것은 상속이다. 증여세는 재산을 증여받은 사람(수증자)을 기준으로 증여재산가액에 증여세율을 곱하여 계산한다. 반면 상속세는 재산을 물려준 망자(피상속인)를 기준으로 망자의 전체 상속재산가액에 상속세율을 곱하여 계산한다. 증여세와 같이 상속인 각자가 받은 재산을 기준으로 상속세를 납부하지 않는다는 것이다. 이에 따라 재산가액이 클수록 보다 높은 누진세율이 적용되어 세 부담이 크게 된다.

28. 증여는 왜 빠를수록 좋다고 하는가?

증여를 계획하고 있다면 빠를수록 좋다. 특히 망자가 생전에 증여한 재산은 망자의 상속재산에 가산하여 상속세를 계산하기 때문에 더욱 그렇다. 망자의 자녀나 배우자에게 사망일 이전 10년 이내에 증여한 재산은 다시 상속재산에 합산하여 상속세를 과세하고, 증여 당시 납부한 세액은 상속세에서 차감하도록 규정하고 있기 때문이다. 만약 망자가 4년이 아닌 14년 전에 증여하였다면, 그 재산은 상속재산에 합산하여 과세하지 않게 된다.

이외에도 임대소득이 있는 부동산을 먼저 증여할 때 증여받은 자는 부동산 임대소득을 추가로 얻게 되어 증여 이후 소득증대 효과가 있으며, 증여자는 소득을 증여받은 자에게 분산시킴으로써 증여 이전보다도 낮은 소득세율을 적용받을 수 있는 유리한 점이 있다. 그리고 인플레이션의 일반적인 상황을 가정할 때 역시 빠른 증여가 증여세를 적게 내게 된다.

29. 상속 이전에 증여하는 것이 반드시 유리한가?

재산을 증여하고자 할 때 재산을 물려주려는 자와 받으려는 자 각각의 상황에 따라 생전에 증여할지 아니면 나중에 돌아가셨을 때 상속받을지를 결정하여야 한다. 현행 상증법은 배우자 있는 상속(사망 당시 망자의 배우자가 있는 경우)은 상속재산이 최소 10억 원(망자의 배우자가 없는 상속은 최소 5억 원) 이상일 때에만 과세하고 있다. 따라서 절세를 무엇보다 중요하게 고려하여야 한다면, 적어도 돌아가실 분의 재산이 10억(또는 5억) 원 이상인 경우에만 생전에 증여하는 것이 유리할 수 있다.

예를 들어 할아버지(할머니는 생존한 상태임)께서 사망하기 직전에 전체 재산 7억 원 중 3억 원을 아버지에게 주고 바로 돌아가셨다면 증여세 산출세액은 4천만 원이 된다. 그러나 돌아가시기 직전에 증여하지 않고 상속재산으로 모두 남기고 돌아가셨다면 이 건의 상속공제액은 10억 원이므로 상속세와 증여세 모두 납부하지 않을 수 있다.

기타

30. 상속받은 부동산의 취득세 신고 시 유의 사항은?

상속받은 부동산은 망자가 돌아가신 날이 속하는 달의 말일로부터 6개월(상속세 신고기한과 동일) 이내에 관할구청 등에 신고해야 한다. 이와 같은 취득세 신고기한을 지나게 되면 신고불성실가산세와 납부불성실가산세가 부과된다.

무주택자가 주택을 상속받게 될 때 반드시 취득세 감면을 적용받는 것을 잊지 말자. 법무사 사무실에 등기를 의뢰하게 될 때 종종 상속인이 무주택자인지를 얘기하지 않는다면 법무사 측에서 특별히 신경 쓰지 않는 한 알기 어려우므로 취득세를 줄일 기회를 놓치는 일이 많다. 상속인 간 재산분할 협의의 어려움으로 취득세 신고를 기한 내 하지 못하거나 상당 기간 지연될 수 있다. 이때 취득세 가산세는 피할 수 없으며, 예를 들어 상속인 전원의 동의로 제삼자에게 처분할지라도 반드시 취득세 신고 및 상속인 등기를 거친 후 제3자에게 처분하게 된다.

31. 사망신고 기한 및 그 신고 전 유의해야 할 것은?

사망신고 기한은 사망 사실을 안 날로부터 1개월 내 관할 동사무소 등에 사망진단서(의료기관 내 사망으로 담당 의사가 발급)나 사체검안서(의료기관 외 사망으로 사망원인을 조사하여 의사가 발급)를 첨부하여 원칙적으로 가족이 신고해야 한다. 이와 같은 사망 신고가 있게 되면 정부기관, 금융기관 등에 사망 사실이 자동 통보되어 망자의 예금인출이 되지 않거나 인감증명의 발급정지, 소송자격 박탈 등 여러 장애가 있을 수 있다. 따라서 사망신고 전 이에 대한 충분한 고려 후 긴급조치 (가족 간 협의를 거쳐 급히 사용해야 할 돈을 미리 인출할 때) 등을 취한 후 사망 신고를 해야 당황스러운 상황을 피할 수 있다.

32. 상속인이 임의로 재산처분 또는 예금인출 시 횡령죄가 성립되는가?

사망신고를 하게 되면 은행에 사망 사실이 자동 통보되어 망자의 예금계좌는 원칙적으로 상속인 전원의 동의가 없는 한 인출할 수 없으며, 부동산 역시 상속인 전원의 동의 없이 처분할 수 없다. 상속재산은 상속인 간 협의가 종결되지 않은 상태에서는 상속인들이 공동으로 소유한 재산이므로 상속인 간 협의에 따라 상속인 개인에게 그 귀속이 결정된 후에나 비로소 상속인이 마음대로 사용할 수 있게 된다. 만약 상속인 1인이 임의로 다른 상속인을 속여 재산을 처분하거나 예금을 인출할 때 횡령죄는 성립되지 않으나 사기죄는 상황에 따라 성립될 여지가 있으므로 각별한 주의가 필요하다.

스스로 해보자

01 상속총괄표

구분	내용	비고 및 관할
D-10년	상속개시일 10년 이전 증여한 재산의 상속재산 합산과세	
D-2년	상속개시일 2년 이전에 예금인출, 재산처분, 부채발생 재산의 사용처 소명의무	추정상속재산
상속개시(D)	장례비용, 장지비용 등 영수증 수취 사망진단서 발급*	장례식장 사망당시 병원
D+1개월	**사망신고서 제출기한(1개월 내) 사업자등록증 정정 및 폐업신고기한	가까운 시, 구, 읍, 면, 동사무소
D+3개월	한정승인, 상속포기 신청기한(상속개시를 안날부터 3개월 내)	가정법원
D+6개월	상속세 신고기한(사망일이 속하는 달의 말일부터 6개월 내) 취득세 신고기한(사망일이 속하는 달의 말일부터 6개월 내)	주소지 세무서 재산소재 시,구청

* 사망진단서는 10장 이상 추가 발급받을 것(각종 신고 시 필요)

** 제출서류 : 사망신고서, 가족관계증명서, 사망진단서 또는 사체검안서, 신분증(신고인) 사본, 사망신고 이후 망자의 예금인출이 정지되므로 미리 필요자금을 인출하는 것이 필요할 수 있음

구분	한정승인	상속포기
개념·목적	상속재산의 범위 내에서 상속채무와 유증을 변제	상속재산상 권리일체를 포기
주체 및 신고	상속인(1~4 순위)·대습상속인 / 법정대리인이 신고	
신고기간	상속개시 사실을 안 날로부터 3개월 내	
신고	필요	필요
재산목록 첨부	필요	필요 없음
효과	상속채무 완전승계, 변제책임은 상속재산 범위 내 한정	처음부터 상속인이 아닌 것과 같아짐
상속분	변동이 없음	포기자의 상속분은 다른 동순위 상속인에게 귀속
제출서류	가족관계증명서, 주민등록등본/초본, 인감증명서, 인감도장, 부채증명원 등	

(1) 자필 유언장 작성하기

행복한 상속을 위한 처음과 끝은 정확한 유언장을 작성하는 것이다. 유언장의 내용은 구체적일수록 좋다. 자세하고 상세한 유언장은 분쟁을 종식시키고 이내 곧 가족을 평화로 이끌 것이다. 재산을 남겨줄 분이 의지도 명확하고 건강하다면 자필 유언장을 작성하는 것이 좋다. 자필 유언장은 비용도 들지 않고 언제든 수정할 수 있다.

유언장에는 단순히 재산의 분할내용만 나타낼 필요는 없다. 가족한 명 한 명에 대한 세심한 배려, 감사의 마음을 적으면 된다. 남은 가족들에게 위로와 살아갈 용기를 주는 내용은 그윽한 고인의 향기로 다가올 것이다.

자필 유언장 작성 방법

1. 자필로 유언의 내용과 성명, 주소, 생년월일, 날인을 반드시 해야 함

2. 가족들에게 사랑을 담아 인사말과 추억을 기록할 것

3. 유류분과 기여분을 고려하여 작성할 것

4. 재산 안분 내용은 구체적이고 상세하게 작성할 것

5. 절세를 고려하여 작성된 유언장은 금상첨화

(2) 유언장 공증하기

유언장의 내용이 중요하거나 다툼의 소지가 있다면 유언장을 공증받는 것도 좋은 방법이다. 유언장을 공증하는데는 어느 정도의 수수료가 발생하며, 인감증명서 등의 필요서류가 있어야 한다. 또한 공증내용을 이해하고 이에 대하여 실제임을 인정할 증인(2명 이상)이 있어야 한다.

아울러 재산을 남겨줄 자는 공증하러 가기에 앞서 재산 안분 내용을 명확하게 사전에 결정짓고 방문해야 한다. 공증사무실은 상속을 전문으로 다루는 곳은 아니므로 상속 내용을 자문하거나 상담받을 수 없다는 것에 유의하여야 한다.

한편 유언장에 대한 공증 수수료는 천차만별이다. 따라서 공증사무실이 많은 곳을 가서 세,네 곳 정도 들려 수수료를 확인한 후 마음에 드는 곳을 선택하는 것이 좋다. 서울이라면 서초동 법원단지, 지방이면 법원이 있는 곳을 추천한다. 아무래도 공증사무실이 밀집되어 있는 곳에서 수수료를 비교하는 것이 보다 쉬울 것이기 때문이다. 필요서류는 미리 전화로 공증사무실에 문의하면 알 수 있다.

유언장 공증하기

1. 증인(2명 이상)이 있어야 하며, 별도의 수수료가 발생함

2. 미리 공증할 내용을 철저히 준비해야 함

3. 법원이 밀집된 곳에서 세,네 군데를 방문하여 수수료 문의 후 결정할 것

4. 전화로 미리 문의 후 필요서류를 챙겨갈 것

　상속인은 망자의 금융내역(예금 · 보험 · 증권), 토지, 자동차, 세금(지방세 · 국세), 연금가입유무(국민 · 공무원 · 사학 · 군인) 등 상속재산조회를 시, 구, 읍면동에서 한 번에 통합하여 신청할 수 있다. 그러나 이와 같은 재산조회 서비스가 완벽한 것은 아니므로 실무적으로 부동산이나 예금이 누락될 수도 있으며, 구체적인 금융거래 내용은 각각의 개별 은행에 가서 별도로 신청해야 한다는 것에 유의하자. 또한 재산조회신청을 통보받은 금융기관은 망자의 계좌거래를 정지시키므로 남아있는 재산을 찾으려면 상속인 전원의 동의가 필요하다는 것 역시 주의하자.

나의 상속재산 조회하기

1. 신청 방법
- 방문 신청 : 시, 구청 및 읍면동 주민센터 방문 ➡ 통합 처리 신청서 및 구비서류 제출
- 온라인 신청 : 정부24(www.gov.kr) 접속 ➡ 공인인증서 본인인증 ➡ 신청서 작성 ➡ 구비서류(가족관계증명서) 교부신청 및 수수료 결제 ➡ 확인 · 접수 ➡ 접수증 출력

2. 조회 결과 확인 방법
- (금융내역) 문자 또는 금융감독원 홈페이지(www.fss.or.kr)
- (국세) 문자 또는 국세청 홈택스 홈페이지(www.hometax.go.kr) - (국민연금) 문자 또는 국민연금공단 홈페이지(www.nps.go.kr) - (공무원 · 사학 · 군인연금) 문자

3. 구비서류
- 신분증, 가족관계증명서 등 상속 관계 증빙서류

부동산을 상속받게 되면 관할구청(시청)에 취득세 신고 및 등기소에 상속인들 명의로 등기이전을 해야 한다. 그런데 상속세 신고와 달리 등기업무는 발품을 좀 팔면 혼자서도 할 수 있다. 상속 부동산이 많다면 수수료의 금액도 클 것이므로 더더욱 스스로 해볼 만하다. 이처럼 셀프 등기를 추천하는 것은 법무사에게 맡기나 스스로 하나 그 결과에서 차이가 거의 없기 때문이다. 요즘은 관할구청이나 등기소에 전화문의하면 친절하게 내용을 안내해주고 있으며 문자로 필요서류도 알려준다.

주의할 것은 농지등기나 무주택자의 주택등기처럼 취득세가 감면될 때 또는 시간을 다투거나 부동산 내용이 복잡할 때(무허가 건물, 건축대장과 실질 용도가 다를 때, 건축대장과 실질면적이 다를 때) 등에는 법무사 사무소를 이용하는 것이 필요할 수 있다.

나 홀로 등기하기

1. 업무순서 : 상속부동산 소재지 관할구청(시청)에 취득세 신고 ➡ 상속부동산 소재지 관할등기소에 등기이전 신고(취득세 영수증은 필요서류 중 하나임)

2. 취득세 신고 기한 : 상속개시일이 속하는 달의 말일부터 6개월

3. 취득세 신고 시 필요서류 : 관할구청(시청)에 전화문의 할 것(가장 효율적임)

4. 등기신고 기한 : 별도의 등기신고 기한은 없음

5. 등기이전 시 필요서류 : 관할등기소(시청)에 전화 문의할 것(가장 효율적임)

1. 상속세의 계산구조**

구분	비고
상속세과세가액	상속세과세가액 = 총 상속재산가액 - 비과세 및 과세가액 불산입액 - 상속채무 + 사전증여재산
(-)상속공제	아래 공제의 합계 중 공제적용 종합한도 내 금액만 공제가능 (기초공제+기타인적공제)와 일괄공제(5억 원) 중 큰 금액 가업(영농) 상속공제 / 배우자 상속공제 / 금융재산 상속공제 / 재해손실 공제 / 동거주택 상속공제
= 과세표준	
× 세율	10~50% 5단계 초과누진세율
= 상속세 산출세액	
(-)신고세액공제	상속세 신고 시 3%를 산출세액에서 공제함
= 상속세 납부세액	

2. 상속재산 목록

구분	상속재산	상속채무
서울 강남구 압구정동 △△아파트	시가 10억 원	시가 10억 원
경기도 용인 수지구 죽전 다가구주택	개별주택가격 4억 원	전세보증금 2억 원
강원도 평창군 임야 200필	개별공시지가 2억 원	-
종신보험금	1억 원	-
합계	17억 원	5억 원

3. 배우자가 있는 경우의 상속세

- 상속인의 구성 : 배우자, 큰아들, 작은아들

구분	금액	비고
상속받은 재산	17억 원	아파트/주택/임야/보험금
(-)상속채무	5억 원	담보대출/전세보증금
상속세 과세가액	12억 원	
(-)상속공제	10억 원	일괄공제/배우자상속공제
과세표준	2억 원	
세율 (10~50%)	20%, 1천만 원 공제	
상속세 산출세액	3천만 원	
(-)신고세액공제	9십만 원	산출세액의 3%
상속세 납부세액	2천9백1십만 원	

4. 배우자가 없는 경우의 상속세

- 상속인의 구성 : 큰아들, 작은아들

구분	금액	비고
상속받은 재산	17억 원	아파트/주택/임야/보험금
(-)상속채무	5억 원	담보대출/전세보증금
상속세 과세가액	12억 원	
(-)상속공제	5억 원	일괄공제
과세표준	7억 원	
세율 (10~50%)	30%, 6천만 원 공제	
상속세 산출세액	1억5천만 원	
(-)신고세액공제	4백5십만 원	산출세액의 3%
상속세 납부세액	1억4천5백5십만 원	

5. 재산을 살아생전에 상속인에게 증여했다면

추가사항

망인은 7년 전에 큰아들에게 현금 5억 원을 증여하였다. 이와 관련한 증여세 산출세액은 8천만 원[(5억 원 - 5천만 원)×세율(20%, 누진공제액 1천만 원)]이다.

구분	금액	비고
상속받은 재산	17억 원	아파트/주택/임야/보험금
사전증여 재산	5억 원	현금증여
(-)상속채무	5억 원	담보대출/전세보증금
상속세 과세가액	17억 원	
(-)상속공제	5억 원	일괄공제
과세표준	12억 원	
세율 (10~50%)	40%, 1억6천만 원 공제	
상속세 산출세액	3억2천만 원	
(-)증여세액공제	8천만 원	
(-)신고세액공제	7백2십만 원	산출세액의 3%
상속세 납부세액	2억3천2백8십만 원	

나의 증여세 계산하기

1. 증여세의 계산구조

구분	비고
증여세과세가액	증여세과세가액 = 증여재산가액 - 증여채무
(-)증여재산공제	부부인 경우 6억 원, 자녀인 경우 5천만 원 (미성년자 2천만 원)을 공제함
= 과세표준	
× 세율	10~50% 5단계 초과누진세율
= 상속세 산출세액	
(-)신고세액공제	증여세 신고 시 3%를 산출세액에서 공제함
= 상속세 납부세액	

2. 현금 10억 원을 남편이 부인으로부터 증여받는다면?

구분	금액	비고
증여재산	10억 원	현금
(-)증여재산공제	6억 원	배우자
과세표준	4억 원	
세율 (10~50%)	20%, 1천만 원 공제	
증여세 산출세액	7천만 원	
(-)신고세액공제	2백1십만 원	산출세액의 3%
증여세 납부세액	6천7백9십만 원	

3. 아들이 아버지로부터 현금 10억 원을 증여받는다면?

구분	금액	비고
증여재산가액	10억 원	현금
(-)증여재산공제	5천만 원	직계비속
과세표준	9억5천만 원	
세율 (10~50%)	30%, 6천만 원 공제	
증여세 산출세액	2억2천5백만 원	
(-)신고세액공제	6백7십5만 원	산출세액의 3%
증여세 납부세액	2억1천8백2십5만 원	

4. 아버지에게 현금 5억 원씩을 두 차례에 걸쳐 증여받는다면?

구분	1차 증여분	2차 증여분
증여재산가액	5억 원	5억 원
(-)증여재산공제	5천만 원	5천만 원
과세표준	4억5천만 원	9억5천만 원
세율 (10~50%)	20%, 1천만 원 공제	30%, 6천만 원 공제
증여세 산출세액	8천만 원	2억2천5백만 원
(-)기납부세액		8천만 원*
(-)신고세액공제	2백4십만 원	4백3십5만 원**
증여세 납부세액	7천7백6십만 원	1억4천6십5만 원

* 납부세액 공제는 실제 납부 세액이 아닌 1차 증여분의 증여세산출세액을 차감한다.
** 신고세액 공제는 최종 납부 금액의 3%를 공제한다. 따라서 증여세산출세액 2억2천5백만 원에서 납부 세액공제 8천만 원을 차감한 잔액 1억4천5백만 원의 3%를 신고세액공제로서 차감한다.

07 나의 세무사 선택하기

모든 세무사가 상속세에 대해 잘 알 것이라는 생각은 큰 오산이다. 의사도 전문영역이 있듯이 세무사도 전문영역이 있다. 그렇다면 상속세 업무는 누가 잘할까? 당연히 많이 해본 사람이 잘한다. 상속세 신고를 3, 4번 해본 세무사와 100번 이상 해본 세무사 중 누가 더 정교한 신고를 하고 조사방안을 잘 수립할 수 있을까? 많은 업무를 해본 사람은 실력뿐만 아니라 일반 세무사가 쉽게 알지 못하는 노하우도 당연히 많이 터득하고 있다. 그렇다면 해당 세무사의 전문영역은 어떻게 알 수 있을까? 어렵지 않다. 그 세무사가 어떤 책을 저술하였는지, 어떤 강의를 주로 하는지, 어떤 사이트를 운영하는지, 책상에 어떤 서류가 쌓여 있는지 살펴보고 직원에게 그 세무사 사무소의 주 업무가 무엇인지를 물어보면 쉽게 알 수 있다. 조금만 관심을 가져보면 된다. 어느 세무사 사무소를 선택했는지에 따라 당신 가족이 내야 할 세금은 크게 달라질 수 있다는 것을 반드시 명심해야 한다.

<table>
<tr><td colspan="8">

사 망 신 고 서
(년   월   일)
</td><td colspan="3">※ 신고서 작성 시 뒷면의 작성 방법을 참고하고, 선택항목
에는 '영표(○)로 표시하기 바랍니다.</td></tr>
</table>

① 사 망 자	성명	*한글	(성) / (명)		성 별	*주민번호			–	
		한자	(성) / (명)		①남 ②여					
	등록기준지									
	*주소					세대주와의 관계		의		
	*사망일시	년 월 일 시 분(사망지 시각: 24시각제로 기재)								
	*사망장소	장소								
		구분	①주택 ②의료기관 ③사회복지시설(양로원, 고아원 등) ④공공시설(학교, 운동장 등) ⑤도로 ⑥상업·서비스시설(상점, 호텔 등) ⑦산업장 ⑧농장(논밭, 축사, 양식장 등) ⑨병원 이송 중 사망 기타( )								
② 기타사항										
③ 신 고 인	*성명			□또는 서명		주민번호				
	*자격	①동거친족 ②비동거친족 ③동거자				*관계				
		④기타(보호시설장/사망장소관리자 등)								
	주소						*전화		이메일	
④ 제출인	성 명					주민번호				

※ 타인의 서명 또는 인장을 도용하여 허위의 신고서를 제출하거나, 허위신고를 하여 가족관계등록부에 실제와 다른 사실을 기록하게 하는 경우에는 **형법에 의하여 처벌**받을 수 있습니다. **눈표(*)로 표시한 자료**는 국가통계작성을 위해 통계청에서도 수집하고 있는 자료입니다.

상속재산분할협의서

2020년 6월 22일 망 홍길동의 사망으로 인하여 개시된 상속에 있어 공동상속인 배우자 이순신, 아들 홍길북, 아들 홍길남은 다음과 같이 상속재산을 분할하기로 협의한다.

1. 상속재산 중 서초구 서초동 101-5 대 300㎡는 이순신의 소유로 한다.
2. 상속재산 중 서초구 서초동 101-6 대 200㎡는 홍길북의 소유로 한다.
3. 상속재산 중 서초구 서초동 101-7 대 100㎡는 홍길남의 소유로 한다.

위 협의를 증명하기 위하여 이 협의서 3통을 작성하고 아래와 같이 서명·날인하여 그 1통씩을 각자 보유한다.

년   월   일

주소	서울 서초구 방배동 방배타운 101동 101호				
성명	이순신 (인)	주민번호	500517-2222222	전화번호	
주소	성남시 분당구 정자동 정자아파트 202동 202호				
성명	홍길북 (인)	주민번호	800301-111111	전화번호	
주소	용인시 수지구 상현동 광교아파트 303동 303호				
성명	홍길남 (인)	주민번호	820717-111111	전화번호	

상속재산분할 심판청구

청구인 : 홍길동(주민번호 760123-111111)
주소 : 서울시 서초구 서초동 1702-8
상대방 : 홍은동(주민번호 700321-111111)
주소 : 서울시 서초구 방배동 55-13
망인 : 홍제동(2022.1.23. 사망)

청구 취지

1. 별지목록 기재 부동산 중 1은 청구인 소유로, 2와 3은 상대방의 소유로 각 분할한다.
2. 심판비용은 상대방의 부담으로 한다.

는 심판을 바랍니다.

청구 원인

1. 청구인과 상대방의 신분관계
   청구인과 상대방은 망 홍제동의 자녀로 형제관계에 있습니다.
2. 망 홍제동의 사망
   망 홍제동은 2019.10.1. 사망하였고, 청구인과 상대방은 망 홍제동의 상속인으로서 망인의 별지목록 기재 부동산을 공동으로 상속하였습니다. 그런데 상대방은 장남으로서의 집안계승과 제사봉양을 이유로 모든 상속재산에 대한 권리를 주장하고 있습니다.
3. 이에 청구인은 망인의 재산에 관하여 청구취지와 같은 재산을 분할 받고자 이 사건청구에 이른 것입니다.

입증 방법

1. 가족관계증명서
2. 주민등록표등본
3. 사망진단서
4. 등기부등본 등 기타

년 월 일

청구인 : 홍길동 (인)

서울가정법원 귀중

상속의 한정승인(또는 포기) 신고

청구인 : 홍길동 (주민번호 : 701225-1111111)
본적 및 주소 : 서울시 서초구 서초동 1702-9
망인 : 홍광복 (1945.08.15.생, 2020.10.01. 사망)
최후 주소 : 서울시 서초구 서초동 1702-9

청구 취지
청구인들은 별지목록 기재 부동산(또는 상속재산)의 한도 내에서 망인의 채무를 승인한다(포기의 경우 : 청구인은 망인의 상속재산에 대한 일체의 상속을 포기한다)는 심판을 구합니다.

청구 원인
청구인들은 망인 홍광복의 재산상속인으로서 20○○. ○○월. ○○일 상속개시가 있음을 알았는 바, 민법 제1019조에 의하여 재산상속을 포기하고자 이 심판청구에 이른 것입니다.

첨부 서류
- 가족관계증명서(망인) 1통
- 주민등록말소자등본(망인) 1통
- 가족관계증명서(청구인들) 각1통(또는 상속관계를 확인할 수 있는 제적등본)
- 인감증명(청구인들) 각1통
- 주민등록등본(청구인) 1통
- 가계도(직계비속이 아닌 경우) 1통
- 기타

년 월 일

청구인 : 홍길동 (인)

서울가정법원 귀중

증여 계약서

[증여대상]
서울 마포구 공덕동 310 토지 1필지

[증여내용]
홍은동은 아들 홍길동에게 위 부동산을 증여하기로 한다. 증여인(홍은동)과 수증인(홍길동)은 이를 서로 확인하고 양자가 승인하였기에 본 내용을 증명하기 위하여 각자 서명 및 날인하여 이를 증명함과 동시에 각종 신고내용의 증거자료로 활용하기로 한다.

년   월   일

증여인
주소 : 서울시 마포구 공덕동 111-1번지 양반빌라 501호
주민번호 : 581010-111111
성명 : 홍은동 (인)

수증인
주소 : 서울시 마포구 공덕동 111-1번지 양반빌라 501호
주민번호 : 901225-111111
성명 : 홍길동 (인)

유언장

1. 가족에게 전하는 말

2. 재산분배에 대해서

3. 기타

※ 위의 내용은 본인 사후에 효력이 발생한다.

년 월 일

성명 :　　(인)

주소 :

주민번호 :

유언장

유언자 홍길동은 이 유언서에 의하여 다음과 같이 유언한다.

1. 처 김동백(601212-222222)에게는 본인이 소유하고 있는 다음의 부동산을 상속
   하게 한다.
   서울시 강남구 역삼동 대 500㎡
   위 지상 건물
   연와조 슬라브지붕 주택 1통 건평 450㎡
   위 주택 내에 있는 가재도구 기타 일체의 동산

2. 딸 김장미(810618-222222)에게는 유언자가 경영하는 으뜸주식회사의 후계자로
   다음 재산을 상속하게 한다.
   1) 고양시 일산서구 대화동 대 350㎡
      위 지상
      철근콘크리트 연와조 점포 및 사무실 1동
      건평 1층 150㎡, 2층 150㎡
   2) 위 으뜸주식회사 유언자의 소유주식
      액면액 5,000원권 100,000주

3. 손자 홍자영(980330-222222)에게는 다음 재산을 상속하게 한다.
   1) 유언자가 주식회사 국민은행(역삼지점)에 가지고 있는 보통예금채권 전부
   2) 유언자가 주식회사 신한은행 본점의 대여금고 내에 보관 중인 국채 전부

4. 이 유언의 유언집행자로서 처 김동백의 동생(650912-222222)을 지정한다.

년　　월　　일

유언자 : 홍길동 (인)
주소 :
주민번호 :

유언장

- 유언자 : 홍길동

　　　　1939년 04월 26일생

본적 : 고양시 덕양구 화정동 121

주소 : 서울시 마포구 상암동 21-2 (우편번호:03930)

전화 : 010-5555-7777

- 유언사항

1. 나는 다음과 같이 유언한다.

(1) 재산의 사인증여(민법 제562조 계약임. 등기원인은 '증여'가 된다) 또는 유증(민법
　　제1073조 단독행위임. 등기원인은 '유증'이 된다)에 관하여, 서울시 마포구 상암동
　　21-2번 대지 150평방미터는 이를 상속인 중 장남 김국현(주소: 서울시 마포구 연
　　남동 52-5, 생년월일:1973.06.01)에게 증여하고, 서울시 마포구 상암동 52-2 대지
　　150평방미터와 동 지상 철근콘크리트조 슬라브지붕 1층 주택 건평 100평방
　　미터는 차남 김남현(주소:서울시 마포구 아현동 11-6, 생년월일:1975.10.2)에게 증여
　　한다. 이 사인증여(또는 유증)는 나의 사망으로 인하여 효력이 발생한다.

(2) 유언집행자의 지정에 관하여 위 사인증여계약(또는 유증)의 이행을 위하여 유
　　언집행자로 박수남(주소:서울시 강남구 역삼동 12-12, 주민번호:810501-111111)을
　　지정한다.

　　　　　　　　　　　년　　　월　　　일

유언자 : 홍길동 (인)

주소 : 서울시 마포구 상암동 21-2

주민번호 :

노년의 아름다운
마무리를 위한 성찰

"재산이 많은 사람이 그 재산을 자랑하는 일이 있더라도 그 돈을 어떻게 쓰는지 알 수 있을 때까지는 그를 칭찬하지 말라."

이는 마지막 정리가 필요한 시점에서 일찍이 소크라테스가 한 말이다. 이처럼 재산을 모으는 것만큼 잘 사용하는 것 또한 어렵다는 것을 기억해야 한다.

인생이라는 황혼 녘의 마지막 사라져가는 노을 아래에서 기나긴 인생을 정리해야 할 즈음의 노인 두 명이 있다. 죽음이라는 문턱의 시간까지 촌각을 다투며 정신없이 일만 하다가 자기성찰의 기회조차 없이 뜻밖의 마지막 순간을 맞이하는 한 노인. 그리고 아름다운 노을 아래 지나온 인생을 차분히 회상하며 준비되어 정갈하게 마지막 순간을 맞이하는 다른 한 노인.

이 둘 중 당신은 어떤 모습의 노인이 되고 싶은가? 한 번쯤은 이 책을 덮기 전 자신의 마지막 모습에 대해 진지하게 성찰하는 시간을 가져보길 바란다.

신재열 세무사가 알려주는
자산을 늘리는
상속 비법

1판 1쇄 펴낸날 2023년 1월 26일

지은이 신재열
펴낸이 나성원
펴낸곳 나비의활주로

책임편집 유지은
디자인 BIG WAVE

주소 서울시 성북구 아리랑로19길 86
전화 070-7643-7272
팩스 02-6499-0595
전자우편 butterflyrun@naver.com
출판등록 제2010-000138호
상표등록 제40-1362154호
ISBN 979-11-90865-87-6 03320